Kant zur Einführung

Jean Grondin

Kant zur Einführung

JUNIUS

Für Emmanuel

Junius Verlag GmbH
Stresemannstraße 375
22761 Hamburg

Umschlaggestaltung: Johannes Hartmann
Titelfoto: Archiv für Kunst und Geschichte, Berlin
Satz: H & G Herstellung, Hamburg
Druck: SOAK GmbH, Hannover
Printed in Germany 1994
ISBN 3-88506-894-x
1. Auflage 1994

Die Deutsche Bibliothek - CIP-Einheitsaufnahme

Grondin, Jean:
Kant zur Einführung / Jean Grondin. - 1. Aufl. -
Hamburg : Junius, 1994
(Zur Einführung ;)
ISBN 3-88506-894-x
NE: GT

Inhalt

Anhang

Einleitung: Kants Protest gegen die metaphysische Indifferenz

»Die Metaphysik ist ohne Zweifel die schwerste unter allen menschlichen Einsichten; allein es ist noch niemals eine geschrieben worden.«[1]

Kant hat in der Geschichte der Philosophie Epoche gemacht, indem er eine Frage stellte, die den fragwürdigen Wahrheitsanspruch der bisherigen Philosophie bloßlegte und den Problemzustand philosophischen Nachdenkens bis heute bestimmt hat. Diese an sich relativ einfache Frage lautet: Wie ist Metaphysik möglich? Dies ist die Leitfrage seines Hauptwerkes, der *Kritik der reinen Vernunft* von 1781, die das sogenannte kritische Zeitalter der Philosophie eingeleitet hat. Das Wort »kritisch« meint einmal, im gut Kantischen Sinne, daß die Geschichte der Metaphysik einer systematischen, bei Kant noch wohlwollenden Kritik unterzogen wird.

Die Epoche, die diese Frage eröffnet hat, ist aber auch insofern eine kritische für die Philosophie geworden, als sich ein kohärentes, Übereinstimmung erzielendes Gegenparadigma für das, was Philosophie nach dem Ende der Metaphysik noch sein könnte, nicht durchzusetzen vermochte. So führte – sehr gegen seine Absichten, wie wir immer wieder betonen werden – das kritische Denken Kants zu einer Krise der Philosophie schlechthin. Kants Denken und seine Wirkungsgeschichte lassen sich unter vielen Gesichtspunkten darstellen, aber jede Auseinandersetzung mit seinem Werk steht und fällt mit der Grundfrage nach der Möglichkeit von Metaphysik.

Indem er diese Frage stellte, war Kant auch der erste, der die Denkanstrengung seiner Vorgänger unter dem allgemeinen Titel der »Metaphysik« zusammenfaßte. Er gewann dadurch eine nahezu geschichtliche Perspektive auf das Ganze der Metaphysik, die es seinen Nachfahren erlaubte, das abendländische Denken durchweg historisch, sei es – wie Hegel – als eine geschichtliche Selbstentfaltung des Geistes, sei es – wie Heidegger – als den Irrweg der metaphysischen Zeitvergessenheit, zu betrachten. Seit Kant gibt es kaum eine Philosophie, die es versäumt hätte, die Tradition unter dem pauschalen Stichwort der Metaphysik zu charakterisieren und Distanz zu ihr zu beanspruchen. Mit seiner grundsätzlichen, vielleicht arrogant anmutenden Frage wollte Kant zunächst zeigen, warum die klassische Metaphysik nicht möglich war. Kants Diagnose war von beinahe tautologischer Einfachheit: Metaphysik ist nicht möglich, eben weil sie Metaphysik sein will. Das will sagen, daß sie ein Wissen beansprucht, das doch jenseits unserer faktischen Erkenntnismöglichkeiten liegt, sozusagen »über das Physische hinausgeht«. Metaphysisches läßt sich nicht antreffen, aber auch nicht von unserer Vernunft glaubwürdig erschließen. Metaphysisches läßt sich bestenfalls erträumen, und die Vernunft erträumt sich vieles, aber Träumereien bilden kein Wissen, das Anspruch auf den respektablen Rang einer Wissenschaft erheben darf.

Es ist vor allem diese Diagnose von der Unmöglichkeit von Metaphysik, die auf die Nachwelt gewirkt hat. Seitdem gilt Metaphysik als derjenige Typus von Wissen, den die Philosophie weit von sich weisen sollte. Die meisten Nachkantianer sind de facto dieser Zuschreibung aus dem Weg gegangen, auch wenn sie sich viele Anliegen und Fragen der klassischen Metaphysik zu eigen machten. Unmittelbar nach Kant haben seine selbsternannten Nachfolger Fichte, Schelling und Hegel idealistische Systeme der Philosophie entworfen, die dem Totalitätsanspruch der Metaphysik in nichts nachstanden, ohne aber den seit Kant scheinbar hinfällig gewordenen Begriff der Metaphysik positiv für sich zu reklamieren.

Die Rückkehr zu Kant, die sich die Philosophie nach dem »Zusammenbruch« dieses idealistischen Systemdenkens auferlegte, vollzog sich aufgrund der Überzeugung, daß der nachkantische Idealismus doch nichts anderes als Metaphysik gewesen sei. Der alsdann in der zweiten Hälfte des 19. Jahrhunderts sich etablierende »Neukantianismus« sah die einzig mögliche Zukunft der Philosophie in einer Metareflexion über die Wissenschaft, oft ohne sich über den metaphysischen Ansporn solcher Prinzipienreflexion im klaren zu sein – eine Möglichkeit postmetaphysischen Denkens, die die *theory of science* bis heute kennzeichnet.

Seither aufgetretene systematische Neuentwürfe in der Philosophie versprachen allesamt, alles andere als Metaphysik zu sein. Diltheys Versuch einer Methodologie der Geisteswissenschaften war im Grunde nichts anderes als eine Absetzungsbewegung der Philosophie von der »dogmatischen« Metaphysik.[2] Damit wurde ein Gegensatz zwischen Wissenschaft und Metaphysik aufgestellt, der bis heute nachwirkt. Diltheys Entwurf einer »Kritik der historischen Vernunft« folgte offenbar dem Kantischen Stern. Husserls Parole einer Rückkehr »zu den Sachen selbst«, die die Phänomenologie zu Beginn des 20. Jahrhunderts beflügelte, bezog ihre Stoßkraft auch aus der Absage an das metaphysische Denken, das angeblich von Ideen und Begriffen anstatt von den Sachen selbst gesprochen habe. Denker wie Nietzsche und Heidegger – samt ihren Nachfolgern im Lager der Derridianischen Dekonstruktion – verdanken ihre Aktualität dem Bestreben, die Metaphysik endlich zu überwinden. Antipoden von Heidegger und Nietzsche, die man in der (sprach)analytischen Philosophie sowie in der Frankfurter Schule trifft, eint die Abscheu vor metaphysischen Spekulationen. Weltfremde Metaphysik soll durch konkretere Vorhaben wie Sprachpragmatik oder Gesellschaftskritik ersetzt werden. Ein Erbe der Frankfurter Schule wie Jürgen Habermas empfiehlt seinen Neuansatz als *Nachmetaphysisches Denken.* Ähnliche Titel und Vorhaben ließen sich endlos aneinanderreihen. Seit und wegen Kant scheint also Metaphysik »unmöglich« zu sein. Philosophie soll etwas ganz anderes sein, ohne aber genau zu wissen, was – oder ohne zu wissen, was sie als Wissens- oder Weisheitsprojekt legitimieren soll.

Es erhebt sich allerdings die seltener gestellte Frage, inwiefern die vorkantische Metaphysik tatsächlich Metaphysik sein wollte oder diesen Namen hätte akzeptieren können. Der Begriff der Metaphysik entstand bekanntlich erst nach der klassischen Periode der griechischen Philosophie von Sokrates, Platon und Aristoteles, wahrscheinlich sogar rein zufällig, als die späteren Editoren der aristotelischen Schriften ihre Verlegenheit angesichts von vierzehn herrenlosen Manuskripten dadurch meisterten, daß sie sie schlicht als »nach den Büchern über die Physik« (*meta ta physika*) klassifizierten. Damit entstand die aristotelische »Metaphysik« als Sammlung von Schriften, die jedoch von Themen handeln, die nicht alle »über das Physische hinaus« sind. Die Untersuchungen über die Substanz, die verschiedenen Ursachentypen, die mehrfachen Bedeutungen philosophischer Termini bleiben weitgehend innerhalb der »Physik« und der logischen Selbstaufklärung der Wissenschaft, zumal Aristoteles selber nicht müde wird, Platons Hang zum »Metaphysischen« als irregeleitete Vergegenständlichung ideeller Gedankengebilde anzuprangern. Die bedeutendsten Denker des nachchristlichen Neuplatonismus, der Patristik und des Mittelalters verstanden sich selber selten als »Metaphysiker«, wenn sie Wissenschaft trieben oder nach Weisheit strebten. Ja, solches Wissen des Übersinnlichen wurde im Mittelalter als Eitelkeit und heilswidrige Neugier abgelehnt. Gegen Ende des Mittelalters konstituierte sich allmählich so etwas wie ein lehrbezogenes Gerüst der Metaphysik, aber dies erfolgte durch Autoren, die nicht ob ihrer Originalität bekannt sind und die jedenfalls nie zu den Klassikern der Philosophie gehörten. Bei diesen »Schulmetaphysiken« handelte es sich weitgehend um scholastische Systematisierungsversuche des aristotelischen Systems der Wissenschaft. [3]

Als René Descartes seine *Meditationen über die Erste Philosophie* im Jahre 1641 vorlegt, setzt er sich gerade von diesen zeitgenössischen aristotelischen Philosophen ab und vermeidet, so gut er kann, den Begriff der Metaphysik. [4] Die empirischen Kritiker Descartes' bekundeten schon aufgrund ihres Ansatzes bei den Sinnesdaten ihre Abkehr von der Metaphysik. Aber auch die »rationalistischen« Nachfolger Descartes' trachteten nicht danach, ihre Ansätze primär als Metaphysik zu vertreten. Spinozas eigentliche »Metaphysik« verbirgt sich unter dem überraschenden Titel einer *Ethica*, während Leibniz, der spekulative Vorgänger Kants und wohl einer der metaphysischsten Denker überhaupt, sein System nie in geschlossener Form oder unter dem Namen Metaphysik der Öffentlichkeit vorgelegt hat. In seinen 1703 geschriebenen, erst 1765 posthum erschienenen *Neuen Abhandlungen über den menschlichen Verstand* bezeichnet er die Metaphysik – in Anlehnung an eine Formulierung des Aristoteles (Metaphysik 996 b 3, 32) – immer noch als eine »gesuchte Wissenschaft«. [5]

Dieser sich suchenden Metaphysik soll Kant wenige Jahrzehnte später den Todesstoß versetzt haben? Viele meinen nicht ganz zu Unrecht, daß Kants Kritik eher die damals schon veraltet wirkende Schulmetaphysik von Baumgarten und Wolff, die ein geistreiches Gemisch aus aristotelischer Scholastik und rationalistischem Wissenschaftskonzept war, im Auge hatte. Zur Zeit Kants, die ja der Aufklärung verpflichtet war, war aber diese Metaphysik bereits in Verruf geraten. Ferdinand Alquié, ein vorzüglicher Kenner Kants *und* des vorkantischen Rationalismus[6], schreibt zu Recht: »Die Idee, daß es vor Kant eine blühende Metaphysik gegeben hat, die der Kritizismus in den Ruin getrieben hätte, muß vollends verworfen werden. [...] Kant braucht nicht gegen eine Metaphysik anzukämpfen, an die in seinem Jahrhundert niemand mehr glaubt und deren universelle Vernachlässigung er bloß feststellt. Er will vielmehr ihr Scheitern erklären, ihrem Unternehmen neue Grundlagen verschaffen, die aus dem Studium der Vernunft selbst stammen.«[7]

Kant ist beileibe nicht der erste Herausforderer der Metaphysik. Metaphysikkritik, wie auch die Geschichte antiker Philosophie lehren könnte, ist so alt wie die Metaphysik selber. Vor Kant hatten die Empiristen Englands die Metaphysik bereits in eine defensive Position gedrängt, aus der sie seither nicht herausgetreten ist. Was Kants Empörung hervorruft, ist aber nicht so sehr die Hoffnungslosigkeit der tradierten Metaphysik als die Gleichgültigkeit gegenüber diesem Zustand. Kant ist sich vollkommen darüber im klaren, daß zu seiner Zeit die positiven Wissenschaften der Natur – insbesondere die von Newton – die »endlosen Streitigkeiten« der Metaphysik zur Lächerlichkeit verdammt haben. Kants Protest zu Beginn der *Kritik der reinen Vernunft* gilt gerade nicht dem desolaten Zustand der faktischen Metaphysik, dem nicht abzuhelfen ist und den er bloß registriert, als vielmehr der metaphysischen Indifferenz, die diese Situation zu verursachen scheint: »Jetzt, nachdem alle Wege [der Metaphysik] (wie man sich überredet) vergeblich versucht sind, herrscht Überdruß und gänzlicher *Indifferentismus.*« (KrV, A X) Kants *Kritik* ist eine Reaktion auf diese weitverbreitete Indifferenz. Die endlosen Streitigkeiten der Metaphysiker haben es vielleicht zu keiner ernsthaften Wissenschaft gebracht, aber wie kann man gleichgültig bleiben angesichts der *Gegenstände*, von denen Metaphysik handelt und die uns alle angehen, betreffen sie doch die letzten Sinnfragen unserer Existenz, die von keiner positiven oder empirischen Wissenschaft beantwortet werden können? »Es ist nämlich umsonst«, schreibt Kant, »Gleichgültigkeit in Ansehung solcher Nachforschungen erkünsteln zu wollen, deren Gegenstand der menschlichen Natur *nicht gleichgültig* sein kann.« (KrV, A X) Die scholastischen Schulstreitereien mögen uns egal sein, uns kann es aber nicht gleichgültig lassen, zum Beispiel zu erfahren, ob Gott existiert, ob unsere Seele unsterblich ist und worin unsere Freiheit ihren Sinn suchen soll. Auf diese grundsätzlichen, unumgänglichen Orientierungsfragen, die heute natürlich andere Formen annehmen können, kann nur eine Metaphysik antworten. Ist aber eine solche Metaphysik möglich? Dies ist Kants Frage an die Philosophie, an eine Philosophie, die vergessen hat, daß ihre wesentlichen Fragen von den positiven Wissenschaften weder gelöst noch abgelöst werden können, so erfolgreich diese in dem beschränkten Umkreis ihrer spezifischen Problemstellungen auch erscheinen mögen.

Metaphysik als Bedürfnis läßt sich nicht in Abrede stellen. Insofern erscheint die Metaphysik als eine Art »Naturanlage« des Menschen: »Nun ist aber diese *Art von Erkenntnis* in gewissem Sinne doch auch als gegeben anzusehen, und Metaphysik ist, wenngleich nicht als Wissenschaft, doch als Naturanlage (metaphysica naturalis) wirklich. Denn die menschliche Vernunft geht unaufhaltsam, ohne daß bloße Eitelkeit des Vielwissens sie dazu bewegt, durch eigenes Bedürfnis getrieben bis zu solchen Fragen fort, die durch keinen Erfahrungsgebrauch der Vernunft und daher entlehnte Prinzipien beantwortet werden können, und so ist wirklich in allen Menschen, sobald Vernunft sich in ihnen bis zur Spekulation erweitert, irgendeine Metaphysik zu aller Zeit gewesen, und wird auch immer darin bleiben.« (KrV, B 21) Der Mensch ist demnach von Natur aus ein metaphysisches bzw. ein metaphysische Fragen stellendes Wesen.

Läßt sich aber diese »natürliche« Metaphysik bis zur Wissenschaft erheben? So verwandelt Kant die Grundfrage seines Werkes: Wie ist Metaphysik möglich?, in die noch positivistischer klingende: Wie ist Metaphysik *als Wissenschaft* möglich? Im Lichte des Kantischen Werkes sowie der Kantliteratur mag es zweifelhaft erscheinen, ob Kant diese Frage mit letzter Eindeutigkeit je beantwortet hat. Wie wir sehen werden, ist es zweifelsohne sein Vorhaben, eine künftige Metaphysik vorzubereiten. Dabei wird er auch die alte Metaphysik erbarmungslos zu destruieren haben. Ist jedoch die neue Metaphysik, deren Möglichkeit er anbahnen will, wirklich eine Wissenschaft, die es mit den Gewißheitsstandards anderer positiver Wissensarten aufnehmen könnte? Handelt es sich nicht vielmehr um eine Wissenssehnsucht, die jenseits wissenschaftlicher Sicherung liegt und deren Wahrheitsanspruch in konstitutiver Weise problematisch bleiben muß? Dies ist womöglich die intimste Frage, die Kants Selbstgespräch mit der Metaphysik inspiriert und die, wie jedes Selbstgespräch, zu keinem endgültigen Abschluß gebracht wurde.

Es ist die Absicht der vorliegenden Einführung, Kants Frage nach der Möglichkeit der Metaphysik zu entfalten und vor allem seine Antwort auf diese weiterhin lebendige Frage der Philosophie zu erkunden. Wir werden uns dabei in erster Linie auf Kants Hauptwerk, die *Kritik der reinen Vernunft* konzentrieren. Der Zweck dieser *Kritik* war es auch, den Boden für eine künftige Metaphysik vorzubereiten. Da Kants Wirkungsgeschichte oft und gern verkannt hat, daß diese erste *Kritik* eine solche Grundlegung tatsächlich gestiftet hat, erscheint es lohnend, diese ihre Zielrichtung konsequent durchzuhalten und Kants Philosophie an ihrem eigenen Selbstverständnis zu messen.

1. Die »Kritik der reinen Vernunft« als Propädeutik der Metaphysik

Kant hält den metaphysischen Indifferentisten wenigstens eines zugute: Ihre Gleichgültigkeit ist »die Wirkung nicht des Leichtsinns, sondern der gereiften *Urteilskraft* des Zeitalters, welches sich nicht länger durch Scheinwissen hinhalten läßt und eine Aufforderung an die Vernunft, das beschwerlichste aller ihrer Geschäfte, nämlich das der Selbsterkenntnis aufs neue zu übernehmen und einen Gerichtshof einzusetzen, der sie bei ihren gerechten Ansprüchen sichere, dagegen aber alle grundlosen Anmaßungen, nicht durch Machtansprüche, sondern nach ihren ewigen und unwandelbaren Gesetzen, abfertigen könne, und dieser ist kein anderer als die *Kritik der reinen Vernunft* selbst.« (KrV, A XI) Die *Kritik der reinen Vernunft* versteht sich also als Antwort auf die Herausforderung der metaphysischen Indifferentisten. Sie teilt deren Skepsis angesichts der falschen Anmaßungen bisheriger Metaphysik, meint jedoch, daß damit die Selbsterkenntnis der Vernunft noch nicht zu Ende geführt ist. Müßte sich die Vernunft – gemäß Candides Devise »cultive ton jardin!« – mit der experimentellen Welt bescheiden, dann wäre das metaphysische Bedürfnis vergeblich und die Möglichkeit der Philosophie als eigenständiger Wissensform dahin. Vielleicht sind aber doch nicht »alle Wege (wie man sich überredet)« (KrV, A X) im Felde der Metaphysik versucht worden. Es wird Kants Vorhaben sein, die Vergeblichkeit der bisherigen Wege der Metaphysik darzulegen, aber ihr zugleich einen neuen

Weg zu ebnen. Wäre Kant bei der Destruktion der Metaphysik – die man allenthalben als sein größtes Verdienst würdigt – geblieben, wäre er für seine Epoche kaum originell gewesen. Seine eigentliche Tat war es vielmehr, der Metaphysik einen neuen, letzten Weg gewiesen zu haben.

Nach Kant liegt der Geburtsfehler der Metaphysik darin, daß sie sich nie über ihre eigenen Wissensmöglichkeiten verständigt hat. Die *Kritik der reinen Vernunft* will diese Selbstverständigung der Metaphysik sein. Sie versteht sich als »Gerichtshof«, schreibt Kant in der von ihm geliebten juristischen Sprache, der die falschen von den rechtmäßigen Ansprüchen der Vernunft scheiden soll. Kant ist nämlich der Auffassung, daß das bisherige Scheitern der Metaphysik womöglich einem Selbstmißverständnis der Vernunft entspringt. Denn die metaphysische Vernunft neigt dazu, ihre eigenen Erkenntnismöglichkeiten zu überschätzen und ihre Wissenswünsche durch allerlei sophistische Vernunftschlüsse oder Syllogismen abzustützen, ohne vorher den Prüfstein solcher erfahrungsunabhängigen Schlüsse aufgeklärt zu haben. Diese sich selbst betrügende Vernunft nennt Kant »dialektisch« (in Anlehnung an die antike Dialektik, die die Kunst des Disputierens war und bei der Kant – soweit er sie in ihrer klassischen Gestalt gekannt hat, woran Zweifel erlaubt sind – den Nebeneffekt des ergebnislosen Geschwätzes heraushebt). Diese dialektische Sophistik ist aber nicht akzidentell oder der mangelnden Schlüssigkeit der Metaphysiker zuzurechnen. Sie ist vielmehr der Vernunft selbst wesentlich. Kants Destruktion der Metaphysik gibt sich also gar nicht – ihrem Selbstverständnis nach zumindest – mit den früheren Systemen der Vernunft ab. Sie hat es allein mit der *reinen* Vernunft zu tun, die von sich aus einem metaphysischen Schein erliegt. Die beredten Akten dieser sich selbst täuschenden

Vernunft wird Kant im zweiten Hauptteil seiner *Kritik*, der transzendentalen Dialektik, protokollieren.

Die *Kritik der reinen Vernunft* will aber nicht nur die unvermeidlichen Irrtümer der reinen Vernunft dokumentieren, sondern auch ihre rechtmäßigen Ansprüche gesichert wissen. Dies ist ja die Aufgabe eines jeden Gerichtshofes, bei dem es nicht nur um die Verurteilung von Rechtsbrüchen, sondern auch den Schutz von legitimen Rechten (hier denen der Vernunft) gehen soll. Die Kritik Kants soll also, wie wir zu Beginn dieses Abschnittes lasen, die reine Vernunft »bei ihren gerechten Ansprüchen sichern«. Worauf fußt aber der Wahrheitsanspruch von Erkenntnissen, die aus reiner Vernunft stammen? Hier fehlt selbstverständlich der Prüfstein der Erfahrung, der alle empirische Erkenntnis fundiert und verifizierbar macht.

So besteht der Fehler der bisherigen Metaphysik in einer mangelnden Reflexion über ihr eigenes Wahrheitskriterium, in Kants Sprache: über die »Bedingung ihrer Möglichkeit«. Ehe man sich der Metaphysik hingibt, ist eine vorherige Reflexion über die Bedingung der Möglichkeit von Metaphysik anzustellen. Kant schrieb den schicksalhaften Satz an den Anfang seiner 1783 erschienenen *Prolegomena zu einer jeden künftigen Metaphysik, die als Wissenschaft wird auftreten können*, in denen er die Quintessenz seines Opus magnum von 1781 zusammenzufassen sucht: »Meine Absicht ist, alle diejenigen, so es wert finden, sich mit Metaphysik zu beschäftigen, zu überzeugen, daß es unumgänglich notwendig sei, ihre Arbeit vor der Hand auszusetzen, alles bisher Geschehene als ungeschehen anzusehen und vor allen Dingen zuerst die Frage aufzuwerfen: ob auch so etwas als Metaphysik überall nur möglich sei.«[8] Kant schlägt also der Metaphysik – um ihrer eigenen, anscheinend kaum noch zu rettenden

Glaubwürdigkeit willen – eine vorherige Methodenreflexion über ihre eigene Legitimität und Vorgehensweise vor.

Diese vorherige Verständigung über die Möglichkeit von Metaphysik ist nicht selber Metaphysik, sondern Kritik. Seit Kant ist der Begriff der Kritik zu einem Schlagwort, ja, zur Grundaufgabe der Philosophie, bei der es um die Zurückweisung unbegründeter Anmaßungen gehen soll, geworden. Zur Zeit Kants war die Kritik noch der Titel einer ganz besonderen philologischen Wissenschaft, nämlich der *ars critica*, die es mit der Erstellung, Edition und Berichtigung von alten Schriften zu tun hatte.[9] Seit der Renaissance war es die Aufgabe des *criticus*, vertrauenswürdige Ausgaben der Klassiker zu edieren, die veränderte Passagen als solche kenntlich machen und einen sinnvollen Text von den Quellen her zu rekonstruieren versuchen. Diese »editorische«, den Urtext sowohl reinigende als auch wiederherstellende Bedeutung von Kritik wirkt bei Kant nach. Wenn er eine *Kritik der reinen Vernunft* vorlegt, will er die Vernunft nicht nur destruieren, er will sie vor allem »berichtigen«, d.h. ihren Urtext wiederherstellen. So gebraucht er selber den Ausdruck Berichtigung in dem wichtigsten Passus, der den Entwurf seiner *Kritik* definiert: »Diese Untersuchung, die wir eigentlich nicht Doktrin, sondern nur transzendentale Kritik nennen können, weil sie nicht die Erweiterung der Erkenntnisse selbst, sondern nur die Berichtigung derselben zur Absicht hat, und den Probierstein des Werts oder Unwerts aller Erkenntnisse a priori abgeben soll, ist das, womit wir uns jetzt beschäftigen. Eine solche Kritik ist demnach eine Vorbereitung, wo möglich zu einem Organon, und wenn dies nicht gelingen sollte, wenigstens zu einem Kanon derselben, nach welchem allenfalls dereinst das vollständige System der Philosophie der reinen Vernunft [...] dargestellt werden könnte.« (KrV, B 26) Das vollständige System der Philosophie der reinen Vernunft, die Metaphysik also, nennt Kant in diesem Zusammenhang ausdrücklich die »Transzendental-Philosophie«.[10] Diese Transzendental-Philosophie, die Doktrin der Metaphysik, soll natürlich erst *nach* der transzendentalen *Kritik*, nämlich nach der *Kritik der reinen Vernunft*, auftreten können. Die transzendentale Kritik begnügt sich noch mit der Aufgabe, den Prüfstein aller Erkenntnisse a priori abzugeben. »Ein System solcher Begriffe«, verspricht Kant im Konjunktiv, »würde Transzendental-Philosophie heißen. Diese ist aber wiederum für den Anfang *noch* zuviel.« (KrV, B 25) Solches wäre hier – in der *Kritik* von 1781 – »zuviel«, weil zuallererst die Bedingung der Möglichkeit einer die Erfahrung transzendierenden »Transzendental-Philosophie« sichergestellt werden muß. Das ist Sache der transzendentalen Kritik, die die Möglichkeit einer später zu entfaltenden Metaphysik oder Transzendental-Philosophie legitimieren soll.

Heute versteht man öfter unter »transzendentaler« Philosophie – und in vermeintlicher Anlehnung an Kant – eine Reflexion über die Bedingungen der Möglichkeit von diesem und jenem. Bei Kant fällt eine solche Besinnung allein der transzendentalen Kritik zu. Für eine Transzendental-Philosophie im Sinne Kants ist die Frage nach den Bedingungen ihrer Möglichkeit im Prinzip bereits gelöst.

Die transzendentale *Kritik* von 1781 will somit den legitimen metaphysischen Gebrauch der reinen Vernunft um der Entwicklung einer Metaphysik willen festmachen. Das Vorwort zur zweiten Auflage wird diese *Kritik* daher als »Traktat von der Methode« bezeichnen, das aber noch nicht »ein System der Wissenschaft selbst« (KrV, B XXII) sei, was erst die voll entfaltete Transzendental-Philosophie sein werde. Da die *Kritik* mit der alten Methode der Metaphysik bricht, empfiehlt sie ihren Traktat von der Methode als »Versuch, das bisherige Verfahren der Metaphysik umzuändern« (KrV, B XXI). Die Zukunft der Metaphysik hängt somit mit einer grundsätzlichen Änderung in der Vorgehensweise der Vernunft zusammen.

2. Das ›Synthetische a priori‹

An sich ist der Entwurf einer transzendentalen Kritik der reinen Vernunft, die sich als Propädeutik einer künftigen Metaphysik versteht, von bewundernswerter Transparenz. Die bisherige Methode der Metaphysik scheint versagt zu haben. Ein neuer Traktat soll ihr beigebracht werden. Was weniger evident scheint, ist der Abschluß dieses Traktats, seine Lösung, sein Schluß, kurzum, die genaue Richtung der Revolution der bisherigen Denkungsart in der Metaphysik. Diese Frage wird unseren Durchgang durch Kants Werk leiten.

Man könnte zunächst Zweifel anmelden, ob es überhaupt reine Vernunfterkenntnisse gebe. Stammt nicht alle Erkenntnis aus der Erfahrung, wie die Empiristen lehren und wie der Erfolg der experimentellen Methode zu bestätigen scheint? Kant stellt diese Erfolge niemals in Frage. Es ist bekannt, daß es gerade die Herausforderung des Empirismus war, die ihn dazu brachte, nach dem Wahrheitsanspruch der Metaphysik zu fragen. Hume habe ihn aus dem dogmatischen Schlummer geweckt, heißt es in der berühmten Passage der *Prolegomena*. Kant kennt aber nicht nur den Erfolg der empirischen Wissenschaften. Daneben – ja, ihnen an Gewißheitsgrad überlegen – gibt es aber auch »reine« Vernunftwissenschaft, deren Wahrheit mitnichten von der Erfahrung abhängt. Die Erfahrung vermag es nämlich nicht, Erkenntnisse von »strenger Allgemeinheit« hervorzubringen. Kant unterscheidet klar diese strikte, »apriorische« Universalität von der lediglich komparativischen Generalität, die die Erfahrung liefert und die auf wiederholter Beobachtung beruht: »Erfahrung gibt niemals ihren Urteilen wahre oder strenge, sondern nur angenommene und komparative Allgemeinheit (durch Induktion), so daß es eigentlich heißen muß: soviel wir bisher wahrgenommen haben, findet sich von dieser oder jener Regel keine Ausnahme. Wird also ein Urteil in strenger Allgemeinheit gedacht, d.i. so, daß gar keine Ausnahme als möglich verstattet wird, so ist es nicht von der Erfahrung abgeleitet, sondern schlechterdings a priori gültig.« (KrV, B 4)

Eine Erfahrungserkenntnis, so generell sie erscheinen mag, läßt sich immer widerlegen (oder falsifizieren), denn ein Gegenexempel kann stets vorkommen. So konnte die Erfahrung den allgemeinen Beobachtungssatz »Alle Schwäne sind weiß« solange stützen, bis in Australien schwarze Schwäne bekannt wurden. Ähnlich ergeht es allen empirischen Erkenntnissen (die insgesamt unter dem von Kant formulierten Leitsatz stehen: Sie gelten, »soviel wir bisher wahrgenommen haben«). Empirische Wissenschaft, so hilf- und erfolgreich sie sein mag, ermöglicht keine strenge, unwiderrufliche Allgemeinheit. Eine solche ist nur bei apriorischen Erkenntnissen zu haben. Daß etwa die Summe der Winkel eines Dreiecks 180 Grad beträgt, duldet unter den apriorischen Festsetzungen euklidischer Geometrie keine Ausnahme. Das Apriorische betrifft nicht den faktischen Erwerb der Erkenntnis, sondern deren Geltungsbegründung. Es ist nicht die Erfahrung per se, sondern die Vernunft, die aufgrund ihrer eigenen Konstruktionen den Wahrheitsanspruch solcher Erkenntnisse begründet. Die Apriorizität der Mathematik galt zu Kants Zeiten als selbstverständlich und gilt es bis heute noch, gründet sie doch auf pure, ideale Vernunftkonstrukte.

Kant und seine Epoche kannten auch noch eine reine Physik als *scientia pura*, die sich von der empirische Beobachtungen anstellenden Physik unterscheiden läßt. Eine derartige reine Physik hatte etwa Newton in *Die mathematischen Grundlagen der Naturphilosophie* von 1687 vorgelegt. Wie diesem Titel zu entnehmen ist, handelt es sich nicht um empirische Feststellungen, sondern um die universellen Gesetzmäßigkeiten der Naturvorgänge, etwa das Gesetz der Stetigkeit der Materie oder das grundlegendere Prinzip, daß alle natürlichen Vorgänge eine Ursache haben. Gewiß vermag die Erfahrung gegebenenfalls solche Gesetze zu bestätigen, aber der Wahrheitsanspruch solcher Prinzipien a priori gründet doch nicht auf der Erfahrung, da sie in strenger Allgemeinheit anvisiert werden, so daß sich überhaupt keine Ausnahme denken läßt. Ein Vorgang ohne Ursache ist so unvorstellbar wie Parallelen, die sich im idealen Raum der euklidischen Geometrie kreuzen würden.

Die Wirklichkeit apriorischer Erkenntnisse läßt sich also nicht in Abrede stellen. Ja, diese unbezweifelbare Wirklichkeit diente oft genug, wie Kant feststellt, als Legitimation für die Metaphysik schlechthin, dafür nämlich, daß Vernunft in der Lage sei, den engen Raum der Erfahrung zu übersteigen und von sich aus allgemeine Kenntnisse zustande zu bringen. Kant meint sogar, daß die selbstverständliche Evidenz mathematischer Erkenntnisse die prinzipielle Frage nach dem Möglichkeitsgrund apriorischer Erkenntnisse, die er als erster stellen wird, überflüssig erscheinen ließe: » Denn ein Teil dieser Erkenntnisse, die mathematischen, ist im alten Besitze der Zuverlässigkeit, und gibt dadurch eine günstige Erwartung auch für andere, ob diese gleich von ganz verschiedener Natur sein mögen. [...] Die Mathematik gibt uns ein glänzendes Beispiel wie weit wir es unabhängig von der Erfahrung in der Erkenntnis a priori bringen können.« (KrV, A 4/B 8) Kant wird aber hier die Frage stellen, ob sich die metaphysischen Ambitionen der reinen Vernunft tatsächlich auf das glänzende Beispiel der Mathematik verlassen dürfen, um ihre Erkenntnisse zu legitimieren. Im Zuge sehr komplex anmutender Spekulationen, deren Kern doch leicht einsehbar ist, wird Kant nämlich darlegen, daß die Mathematik und die reine Physik ihren Erfolg einer gewissen »Anschaulichkeit« verdanken, die jedoch in der Metaphysik nicht gegeben ist.

Es ist aber konstitutiv für das Kantische Projekt, daß es die Frage nach der Möglichkeit der Metaphysik von der Mathematik und der Physik her angeht, die sich als reelle Vernunftwissenschaften bewährt haben. Die Beantwortung der Frage: Wie ist Metaphysik möglich? setzt zwei andere voraus: Wie ist reine Mathematik und wie ist reine Physik möglich? An beide ist die Frage nach den Bedingungen ihrer Möglichkeit zu richten, um zu erkunden, ob die Metaphysik ihre Methode nachahmen darf oder nicht. Die Erforschung der Legitimität der Mathematik und Physik dient dabei nicht als Selbstzweck. Erst der Neukantianismus verbreitete die irrige Auffassung, Kant habe die Metaphysik durch eine erkenntnistheoretische Reflexion über die mathematisch-physikalischen Wissenschaften *ersetzt.* In der Perspektive Kants brauchen die Mathematik und die Physik gar keine solche Grundlagenreflexion, um als respektable Wissenschaften fortexistieren zu dürfen. Ihre Möglichkeit steht nicht in Frage. Anders steht es mit der Metaphysik (KrV, B 20). Allein um der Metaphysik willen muß die Frage nach den Bedingungen der Möglichkeit der Mathematik und der Physik als apriorische Wissenschaften gestellt werden.

Kant gibt dieser Frage eine folgenreiche Wendung, indem er den Möglichkeitsgrund von Erkenntnissen erforscht, die nicht nur apriorisch, sondern auch »synthetisch« sind. Auf den ersten Blick mag sich dieses Problem des »Synthetischen a priori« ungewöhnlich ausnehmen. Es ist nichtsdestoweniger zentral für das Verständnis der Kantischen Fragestellung. Der Gegenbegriff zu synthetisch ist analytisch. Analytische Erkenntnisse oder Urteile sind solche, die den prädikativen Inhalt eines vorgegebenen Subjektes nur verdeutlichen wollen. So ist etwa der Satz, daß ein Körper ausgedehnt sei, analytisch, denn die Idee der Ausdehnung steckt bereits im Begriffsgehalt des Körpers. So gründet die Wahrheit eines analytischen Urteils auf dem Satz vom Widerspruch: Ohne Ausdehnung läßt sich kein Körper denken. Die analytische Erkenntnis bleibt somit bei der Zergliederung, buchstäblich der »Analyse« von Erkenntnissen oder Begriffen (zwei Wörter übrigens, die Kant oft – dem Sprachgebrauch seiner Zeit folgend – als Synonyma verwendet) stehen. Synthetische Sätze hingegen gehen über das, was ein Subjekt beinhaltet, hinaus. Sie tragen zur Erweiterung unserer Kenntnisse bei, da sie einen Subjektbegriff A mit einem prädikativen Gehalt B verbinden, buchstäblich: »synthetisieren«, der A nicht wesentlich oder analytisch zugehört.

Kants klassische Unterscheidung des Analytischen und Synthetischen hat zahlreiche logische Diskussionen hervorgerufen. Es ist nämlich unklar, was ein Begriff bereits »beinhaltet« und was das genau heißen soll. Solche logischen Klärungen sind aber nicht notwendig, um den berechtigten, polemischen Sinn der Unterscheidung einzusehen. Kant will nämlich das rationalistische, auf Leibniz und Wolff zurückgehende Vorurteil zunichte machen, demzufolge metaphysische Erkenntnisse es nur mit der Zergliederung von Begriffen zu tun hätten. Wenn dies stimmte, würde der Wahrheitsgrund metaphysischer Sätze lediglich auf dem Satz vom Widerspruch beruhen. Sicherlich gibt es eine Vielzahl von metaphysischen Erkenntnissen, die bloß analytisch sind. Diese erweitern aber nicht das Feld unserer Erkenntnis, denn Begriffserklärungen vermögen nur das zu verdeutlichen, was wir implizit schon wissen. Die Metaphysik – ihrer Idee nach – will doch mehr. Als Wissenschaft will sie verläßliche Auskunft über die letzten Fragen unseres Daseins vermitteln und somit unsere faktische Erkenntnis erweitern. Daß etwa Gott das »allerhöchste Wesen« sei, ist wohl ein wahrer metaphysischer Satz, der aber bloß analytisch ist. Er legt nur aus, was der Gottesbegriff von sich aus bedeutet. Der Satz »Gott ist« hingegen wäre ein synthetischer Satz. Er würde in willkommener Weise den Umkreis unseres Wissens vergrößern. Ist aber solches Wissen in der Metaphysik zu haben? Mit Kant gefragt: Wie sind synthetische Sätze a priori möglich in der Metaphysik?

Was erlaubt es, ein Subjekt und ein Prädikat zu »synthetisieren«, die nicht analytisch zusammengehören? Ein weiteres Prinzip als das vom Widerspruch ist hier vonnöten. Nach Kant soll es ein Bindeglied geben – ein noch mysteriöses »X«, schreibt er, das die Verbindung von Subjekt und Prädikat gewährleistet. Was dieses X sein kann, ist nicht völlig unbekannt. Bei den synthetischen Sätzen *a posteriori* fungiert die Erfahrung als dieses dritte Bindeglied. Es ist die Beobachtung, die uns lehrt, daß Schwäne weiß sind. Die Erfahrung vermag es, den Kreis unserer Erkenntnisse zu erweitern, indem sie uns immer neue, nicht-analytische Begriffsverbindungen beibringt.

Kant fragt also nicht nach dem Wahrheitsgrund unserer Erkenntnis überhaupt, sondern speziell nach der besonderen Erkenntnis, die synthetisch und a priori sein will. Das – durch den Satz vom Widerspruch etablierte – analytische

Apriori und das – durch Erfahrung legitimierte – synthetische Aposteriori bilden für Kant kein prinzipielles Problem.

Die Metaphysik verfügt aber über kein Monopol im Bereich der synthetisch apriorischen Erkenntnis (KrV, B 14). Solche Erkenntnisansprüche finden sich auch in den anderen apriorischen Wissenschaften, der Mathematik und der Physik. Kant vertritt die – ansonsten umstrittene – These, daß alle mathematischen Urteile synthetisch seien. Sein arithmetisches Beispiel wirkt in der Tat wenig überzeugend: $7 + 5 = 12$. Im »Subjekt« $5 + 7$ sei das Prädikat 12 nicht enthalten. Man müsse durch eine besondere Operation über das Subjekt »hinausgehen«, um die 12 zu erhalten. Abgesehen davon, ob es sich hier überhaupt um ein »Urteil« handelt und ob $5+7$ sich als »Subjekt« konzipieren läßt, ist es in hohem Grade fraglich, ob diese Operation wirklich synthetisch ist. Ersetzt man etwa die 5 und die 7, wie Kant uns auffordert, durch Einheiten oder Punkte, dann sind sie als 12 damit unmittelbar sichtbar gegeben. Das aus der Geometrie herangezogene Beispiel, daß die gerade Linie zwischen zwei Punkten die kürzeste sei (KrV, B 16), wirkt indes plausibler. Denn der qualitative Begriff der geraden Linie scheint keinerlei quantitative Konnotationen bezüglich Kürze oder Länge der Linie zu »beinhalten«. Worauf beruht ein solcher Satz? Kant wird sich also das allgemeine Problem stellen: Wie sind synthetische Sätze a priori in der reinen Mathematik möglich?

Dasselbe Problem stellt sich auch für die reine Physik. Kants Beispiel ist auch hier relativ einleuchtend: In allen Veränderungen der körperlichen Welt bleibt die Quantität der Materie unverändert (KrV, B 17). Der Satz ist nicht nur apriorisch, sondern auch synthetisch, denn er stellt eine Verbindung zwischen der Idee der Stetigkeit und der körperlichen Welt her, die nicht analytisch ist.

Die Kantische Methodenfrage nach der Metaphysik mündet also in die dreifache Frage: Wie sind synthetische Urteile a priori möglich in der Mathematik, der Physik und der Metaphysik? Jede dieser drei Fragen wird einen besonderen Abschnitt in der *Kritik der reinen Vernunft* einnehmen: die Ästhetik, die Analytik und die Dialektik. Nach der erhellenden Rekonstruktion der Prolegomena gliederte sich der allgemeine Plan der *Kritik* von 1781 nach dem Fragenschema:

A. Transzendentale Elementarlehre

I. Ästhetik: Wie ist reine Mathematik möglich?

II. Logik:

II. 1 Analytik: Wie ist reine Physik möglich?

II. 2 Dialektik: Wie ist Metaphysik möglich?

B. Transzendentale Methodenlehre

Gemäß der grundsätzlichen Fragestellung nach einer Methodenrevolution im Bereich der Metaphysik muß eine Methodenlehre den Schlußabschnitt der *Kritik* bilden. Wie wir sehen werden, läßt sich tatsächlich der eigentliche Schluß von Kants kritischem Unternehmen in dieser Methodenlehre wiederfinden. Es gilt aber, dem bedächtigen Schrittgesetz der Kantischen Argumentation zu folgen und die Grundzüge ihrer Antworten auf die drei gestellten Fragen zu rekonstruieren. Die von Kant verwendeten Begriffe Ästhetik, Logik, Analytik und Dialektik deuten darauf hin, daß der Plan der *Kritik der reinen Vernunft* auch einer bestimmten Sicht der menschlichen Erkenntnis gehorcht. Ihre wichtigsten Bestandteile werden uns jetzt beschäftigen.

3. Der Aufbau der humanen Erkenntnis

Nach Kant gibt es zwei hauptsächliche »Stämme« der menschlichen Erkenntnis: die Sinnlichkeit (die fünf Sinne) und den Verstand (im weiten Sinne, der hier alle intellektuellen Tätigkeiten, darunter die Urteilskraft, die Einbildungskraft und die Vernunft, umfaßt). Die Theorie der Sinnlichkeit bildet die Ästhetik, die des Denkens die Logik. Die Sinnlichkeit verschafft uns einen direkten Kontakt zur Außenwelt, indem sie uns »Anschauungen« vermittelt, d.h. unmittelbare, sowohl partikuläre als auch sinnliche Vorstellungen von der Wirklichkeit, wie sie unsere Sinne affiziert. So haben wir eine unmittelbare sinnliche Anschauung von einer bestimmten Farbe oder einem spezifischen Geruch. Als besondere oder vereinzelte Vorstellung reicht jedoch die Anschauung nicht aus, um Erkenntnis zu bewerkstelligen. Erkenntnis zielt nämlich auf das Allgemeinere ab. Dieses Allgemeinere ist Sache des Begriffs, der seinerseits von unserem Verstand gebildet wird.

Kant hält an diesem Dualismus der Erkenntnisvermögen fest. Die Sinnlichkeit kann ohne den Verstand nicht funktionieren und umgekehrt, zumindest wenn Erkenntnis hergestellt werden will (denn unser Intellekt ist durchaus in der Lage und oft genug versucht, »Hirngespinste« zu produzieren, die eben jeglicher Basis in der Anschauung ermangeln). Die sinnlichen Anschauungen sind auf den Begriff angewiesen, um das Angeschaute zu benennen und kenntlich zu machen, etwa: Dieses unmittelbare Angeschaute ist eine Rose, ist rot, usw., während der Verstand ein sinnliches Fundament braucht, wenn seine Begriffe ausweisbar sein sollen. Kant hat dafür eine berühmte Formel geprägt: »Gedanken ohne Inhalt sind leer, Anschauungen ohne Begriffe sind blind.« (KrV, A 51/B 75) Weder der Verstand noch die Sinnlichkeit sind autonom im Reich der Erkenntnis. Damit versucht Kant, die Ansprüche des Rationalismus und des Empirismus des klassischen Zeitalters miteinander zu versöhnen. Der Rationalismus vertrat die Auffassung, daß die Sinnlichkeit uns lediglich »dunkle« Vorstellungen von Dingen vermittle, die erst der Verstand auf klare und deutliche Weise erkennen könne, und dies um so mehr, als es ihm freistünde, das Dickicht des Sinnlichen zu ignorieren. So haben wir alle etwa eine sinnliche Vorstellung dessen, was Geschwindigkeit ist: ein Hundertmeterlauf von Ben Johnson, das Vergehen eines Jahres, usw. All dies gibt uns eine vage Idee von Geschwindigkeit, aber was diese an sich sei, kann allein der Verstand erkennen, indem er sie als eine mathematische Division der Länge durch die Zeit bestimmt. Es ist somit der Verstand, der zum – intellektuellen – Wesen oder zur klaren Definition der Dinge vorstößt. Die Sinnlichkeit hingegen vermittelt uns eine ordnungslose Mannigfaltigkeit von Eindrücken, wobei das Wesentliche nicht vom Zufälligen geschieden ist. Für den Rationalismus stammte alle Erkenntnis aus dem Verstand, der allein in der Lage sei, klare und deutliche Vorstellungen hervorzubringen; diese klare Ordnung könne allerdings durch die Daten der Sinnlichkeit getrübt werden, die er demnach entbehren kann. Selbständig und selbstsicher kann der Verstand den beschränkten Horizont der Sinnlichkeit überschreiten und sich eine reine Metaphysik als Wissenschaft der ersten Prinzipien der Wirklichkeit erstellen.

Der Empirismus von John Locke und David Hume bestimmte eher ein umgekehrtes Verhältnis zwischen Sinnlichkeit und Verstand. Wenn er sich selbst überlassen bleibe, vermöge der Verstand nichts als Fiktionen zu erzeugen. Die Empiristen waren also bemüht, den Verstand an die Wahrnehmung zu binden und eine sinnliche Grundlage für seine Begriffe zu verlangen. Schließlich sind für sie alle Begriffe aus sinnlichen Gegebenheiten abstrahiert. Die anscheinend selbständigen Begriffe der Metaphysik seien nichts als sublimierte Vorstellungen oder Wahrnehmungen, die ihren sinnlichen Ursprung vergessen hätten. Die Idee von Gott z.B. beansprucht, übersinnlich zu sein, sei aber im Grunde nichts als eine Extrapolation aus der konkreten Erfahrung einer natürlichen Ursache.

Kant zieht Lehren aus dem Empirismus, wenn er die Unabdingbarkeit einer intuitiven Gewähr für unsere Begriffe unterstreicht. Er ist zugleich dem Rationalismus verpflichtet, wenn er behauptet, daß sowohl die Sinnlichkeit als auch der Verstand Bedingungen der Möglichkeit haben, die a priori sind. So spricht Kant von einer »reinen Anschauung« sowie von »reinen Verstandesbegriffen« als Ermöglichungsprinzipien von Erkenntnis. In dieser These hat man gemeinhin eine Wiederaufnahme der ursprünglichen rationalistischen Lehre von den »eingeborenen Ideen« erblicken wollen. In Wahrheit hält Kant nicht besonders viel von apriorischen Vorstellungen, die in der *Black box* unseres Gehirns schweben und alle möglichen Theoreme der Metaphysik zu fundieren imstande sind. Was Kant meint, wenn er von reiner Anschauung und reinen Begriffen spricht, ist lediglich die Anlage oder die Fähigkeit, Anschauungen und Begriffe zu haben, also das Denk- oder Anschauungs*vermögen* als solches. Allein diese Disposition oder ihre Gesetze, die mit unserer Verfassung schlechthin gegeben sind, wird bei Kant apriorischen Status genießen. Das heißt nur, daß sie als Veranlagung der faktischen Erfahrung vorausgeht. Die sich vielleicht geheimnisvoll ausnehmende »reine Anschauung« bedeutet somit nichts anderes als die Kapazität, Gegenstände wahrzunehmen. Diese Kapazität gehört zur besonderen Kondition unseres »Gemüts«. Als Disposition macht sie vermittels ihres eigenen Mechanismus jedwede empirische Anschauung und folglich jede Erkenntnis möglich. Vor jeder empirischen Gegebenheit der Dinge wohnt uns sozusagen ein Rezeptionsvermögen inne, das als ein apriorischer Bestandteil der Erkenntnis zu charakterisieren ist. Da die reine Anschauung – als die Urform der Anschauung vor allem empirischen Inhalt – allen Menschen gemeinsam ist, werden ihre Gesetze oder Strukturen universellen und notwendigen Charakter haben. Das Universelle und das Notwendige sind für die Tradition des Rationalismus die Merkmale des Apriorischen. Nun wird dieses Apriorische bei Kant gewissermaßen subjektiviert: a priori ist nunmehr das subjektive Auffassungsvermögen, sofern es dem Empirischen, dessen Inhalte weder notwendig noch universal sind, vorausgeht.

4. Der systematische Aufbau der ersten »Kritik«

Dieses apriorische Gerüst für den Empfang und die Ordnung von äußeren Inhalten wird sowohl auf der Ebene der Sinnlichkeit als auch der des Verstandes wirksam sein. So wird es apriorische Prinzipien (die der Erfahrung vorausgehen und sie auf diese Weise »möglich machen«) für jeden der beiden Stämme unserer Erkenntnis geben. Kants Untersuchung wird ausschließlich mit diesen Prinzipien zu tun haben. Ihr Hauptzweck ist es, die Möglichkeiten einer apriorischen Erkenntnis auszuloten und somit den Wahrheitsanspruch der reinen Wissenschaften zu rechtfertigen. Kant wird nämlich die These verteidigen, daß die *Möglichkeit* der Mathematik als synthetischer Erkenntnis a priori auf den Prinzipien der reinen Anschauung beruht, worauf wir noch zurückkommen. Es wird also Aufgabe der transzendentalen Ästhetik sein, die sich als eine »Wissenschaft von allen Prinzipien der Sinnlichkeit a priori« (KrV, A 12/B 35) definiert, den apriorischen Erkenntnisanspruch der Mathematik in dem Eröffnungsabschnitt der *Kritik der reinen Vernunft* zu fundieren.

Die reine Physik ihrerseits wird auf den »Prinzipien des reinen Verstandes« gründen, die Kant im ersten Teil seiner Logik, die von alters her als die Theorie der Denkregel gilt und den er »Transzendentale Analytik« nennt, darlegen und deduzieren wird. Diese Logik wird sich auch als eine Logik der Wahrheit, also als eine Theorie des rechtmäßigen wissenschaftlichen Gebrauchs des reinen Verstandes empfehlen.

Der zweite Hauptteil der Logik, die Dialektik, wird es mit den apriorischen Möglichkeiten des obersten Erkenntnisvermögens zu tun haben. Einer älteren philosophischen Tradition entsprechend, wird Kant dann dieses oberste Vermögen Vernunft nennen und von dem Verstand, der in direkterer Berührung mit der Sinnlichkeit steht und deren Daten begrifflich verarbeitet, absetzen. Die Dialektik wird die überaus fragwürdigen Erkenntnisansprüche der Metaphysik auf die Probe stellen. Ihre Fragwürdigkeit verrät sich schon dadurch, daß Kant die Dialektik unter dem abwertenden Titel einer »Logik des Scheines« präsentiert. Dort wird Kant in der Tat das Scheitern der spekulativen Metaphysik aus reiner Vernunft feststellen und auf etwa zweihundert Seiten sorgfältig erklären. Kants Autopsie der dialektischen Vernunft will negativ darlegen, was die Metaphysik nicht sein kann, nämlich eine syllogistische Wissenschaft der übersinnlichen Welt und ihrer Gegenstände: Seele, Welt und Gott. Diese Unmöglichkeit geht schon aus Kants Auffassung der Erkenntnis hervor: Ein begriffliches Wissen ohne Anschauung ist leer, oder zumindest unausweisbar und mithin unwissenschaftlich.

Kants minutiöse Destruktion ist so erbarmungslos, daß sich der Eindruck einstellen mußte, Kant wolle doch die Möglichkeit der Metaphysik zugrunde richten und das Feld der apriorischen Erkenntnis auf die Mathematik und die Physik, umgetauft in eine »Metaphysik der Natur«[11], beschränken. Dieser antimetaphysische Affekt hat auch die Rezeption der Kantischen *Kritik* von Beginn an bestimmt. Der Zeitgenosse Moses Mendelssohn sprach bereits von dem »alles zermalmenden« Kant. Auch neuere Interpreten sind diesem populären Kantbild verpflichtet; so ist bei A. Gulyga zu lesen: »Kant hat auf die Frage zu Anfang der Kritik ›wie ist Metaphysik als Wissenschaft möglich?‹ faktisch keine Antwort gegeben. Durch seine transzendentale Dialektik hat er alle dogmatischen Gebäude in dieser Sphäre zerstört.«[12]

Gewiß finden sich zuweilen bei Kant selber Textstellen, die die Aufgabe der Philosophie in Ansehung der Metaphysik rein limitativ, ja selbstkritisch bestimmen.[13] Was jedoch diese rein limitative Lesart nicht würdigt, ist die ausgesprochen metaphysische Absicht des Kantischen Unternehmens in der ersten *Kritik*. Es ist die unmißverständliche Absicht der transzendentalen Kritik Kants, der Vernunft und der von ihr ermöglichten Metaphysik eine neue Methodologie einzuprägen. Hätte Kant die Frage nach der Möglichkeit der Metaphysik nur negativ beantwortet, wäre seine *Kritik der reinen Vernunft* als »Traktat von der Methode« für eine künftige Metaphysik nur ein schlechter Scherz gewesen. Warum hätte Kant ein umfangreiches Buch geschrieben mit der Absicht, die Prolegomena einer künftigen Metaphysik zu ergründen, um schließlich zu dem negativen Ergebnis zu kommen, Metaphysik sei leider nicht möglich, etwa, weil sie ausgerechnet Metaphysik sein will? Dazu hätte es nur einer Seite bedurft, die auch David Hume hätte schreiben können, ja, bereits geschrieben hatte.

Was die erste *Kritik* möglich machen will, ist eine Metaphysik, die endlich rigoros verfährt. Dafür ist es freilich nötig, vorher die innere Sophistik der spekulativen Ambitionen der reinen Vernunft in ihren Dimensionen kenntlich zu machen und zu destruieren. Die Destruktion dieser herkömmlichen Formen von Metaphysik ist der negative erste Schritt, soll künftig eine Metaphysik nach einer neuen Methode aufgebaut werden können. Wäre etwa die Dialektik der letzte Abschnitt der *Kritik*, müßte man vielleicht bei den negativen Ergebnissen bleiben, Metaphysik sei unmöglich. Nach der Dialektik aber kommt eine Methodenlehre. Weit davon entfernt, ein bloßes Anhängsel der *Kritik der reinen Vernunft* zu sein, wie oft unterstellt wird, ist es angebracht und der Logik eines auf einen Schluß zielenden Buches entsprechend, in dieser Methodenlehre den wirklichen Abschluß des kritischen Unternehmens wiederzuentdecken. Sie bietet das positive Pendant zur Dialektik, die kritische Stelle also, an der sich eine Lösung des Problems der Metaphysik abzeichnet. Ohne diesen positiven Ausgang bliebe die Frage nach der Möglichkeit synthetischer Sätze a priori in der Metaphysik unbeantwortet, liefe ins Leere.

Es ist daran zu erinnern, daß die Methodenlehre trotz ihres geringeren Umfanges immerhin das zweite Hauptstück der *Kritik* ist, nach der Elementarlehre, die die Ästhetik sowie die analytische und dialektische Logik beinhaltet. Die zentrale Einteilung der transzendentalen Kritik ist also die einer Elementar- und einer Methodenlehre. Wenn der Methodologie die Ehre zukommt, das letzte Hauptstück zu sein, liegt es daran, daß die Idee einer Methodenlehre mit der Problemstellung einer *Kritik* der reinen Vernunft engstens zusammenhängt. Die *Kritik* hatte sich nämlich als ein Traktat von der Methode empfohlen, der dazu berufen sei, eine grundlegende Änderung der bisherigen Methode der Metaphysik, deren Scheitern die Dialektik eloquent beschrieben hat, in die Wege zu leiten. Der Entwurf der *Kritik* ist also darauf abgestellt, die Metaphysik durch die Einführung einer neuen Methodologie zu revolutionieren. Es ist jedenfalls offensichtlich, daß diese versprochene Grundlegung einer neuen Metaphysik an keiner Stelle der transzendentalen Elementarlehre erfolgt ist. Nach einem Durchgang der Elementarlehre werden wir also die Methodologie daraufhin zu befragen haben, inwiefern sie zur Lösung der Hauptfrage der *Kritik* – wie ist Metaphysik möglich? – beiträgt.

Wie wir sehen werden, wird Kant diese vernünftige Basis einer neuen Metaphysik im Universum der praktischen Vernunft auffinden. Die moralische Autonomie und Autorität der moralischen Vernunft wird nämlich den Eckstein einer Metaphysik der Sitten abgeben, die als ein Novum in der Geschichte der Metaphysik zu betrachten ist, die bislang ihre – vergeblichen – Hoffnungen auf die syllogistischen Kräfte der nur theoretischen Vernunft gesetzt hatte. Daß Kant tatsächlich eine neue Metaphysik hat begründen wollen, belegen schon rein äußerlich die Titel der nach 1781 erschienenen metaphysischen Werke, die von der *Kritik* ermöglicht wurden: *Prolegomena zu einer jeden künftigen Metaphysik* (1783), *Grundlegung zur Metaphysik der Sitten* (1785), *Die Fortschritte der Metaphysik seit Leibniz und Wolff* (1793 verfaßt, 1804 erschienen), *Die Metaphysik der Sitten* (1797). Der Sache nach wäre auch hier an den metaphysischen Anspruch von Werken wie der *Kritik der praktischen Vernunft* (1788) und der *Kritik der Urteilskraft* (1790), den beiden anderen Hauptwerken aus Kants kritischem Jahrzehnt, zu erinnern. Sollte es stimmen, daß die Metaphysik »ohne Zweifel die schwerste unter allen menschlichen Einsichten« ist, so sehr, daß in Wirklichkeit »noch niemals eine geschrieben«[14] worden ist, so war Kant seinem Selbstverständnis nach vielleicht der erste, der eine solche hat schreiben wollen.

Wie es sich gehört, wird die Begründung der dabei anvisierten Metaphysik am Ende der ersten *Kritik*, in deren Methodenlehre zu finden sein. Nachdem die Passagen über die Dialektik dargelegt haben, welcher Methode die Metaphysik nicht zu folgen hat, wird die Methodenlehre die Möglichkeit einer an die Interessen der praktischen Vernunft gebundenen Metaphysik skizzieren. Es sind diese praktischen Interessen, die von den früheren Systemen der spekulativen Vernunft zum Schaden der Metaphysik vernachlässigt wurden. Die Grundlegung der künftigen Metaphysik, die einer Rettung der Philosophie schlechthin gleichkommt, geht somit Hand in Hand mit einer Neuentdeckung der praktischen Vernunft oder einer methodologischen Aufwertung der Ethik. Diese metaphysische Beförderung des Ethischen bildet den innersten Kern von Kants Revolution.

In der *Kritik* von 1781 wird sie durch die Umstellung vieler grundsätzlicher Positionen des Rationalismus, der die Philosophie bislang hatte sein wollen, vorbereitet. Ehe sie die Metaphysik durch die Ethik revolutioniert, wird sie den Wahrheitsanspruch der drei klassischen Wissenschaften, die synthetisch a priori verfahren, zu prüfen haben. Im Laufe der drei epistemologischen Fragen, die dieses Unternehmen stellt (wie sind reine Mathematik, Physik und Metaphysik möglich?), werden wir auf die Änderungen zu achten haben, die die *Kritik der reinen Vernunft* in der Arena des philosophischen oder apriorischen Wissens vornimmt.

5. Der Phänomenalismus und der ästhetische Erfolg der Mathematik

Kants transzendentale Ästhetik, die Theorie der Sinnlichkeit, verfolgt die epistemologische Absicht, die Möglichkeit der Mathematik als apriorischer Wissenschaft in der Vorgängigkeit der reinen Anschauung von Raum und Zeit in unserem Gemüt zu verankern. Unter Anschauung ist die unmittelbare Vorstellung eines sinnlich Gegebenen zu denken. Wenn jedoch die Anschauung immer über Sinnliches erfolgt, wie läßt sich von *reiner* Anschauung sprechen? Es ist zunächst festzuhalten, daß diese reine Anschauung nicht irgendeine Vision oder Schau des Übersinnlichen sein will, wie dies etwa mit Platons unmittelbarer Anschauung der reinen Idee des Schönen der Fall sein mochte. Kant setzt sich gerade von Platon und vom Rationalismus im allgemeinen ab, indem er die menschliche Anschauung auf die sinnliche Welt beschränkt. Die Anschauung als das unmittelbare Gewahrwerden eines Inhaltes ist das Vorrecht der Sinnlichkeit, die es nur mit der von den Sinnen vermittelten Empirie zu tun hat. Was Kant *reine* Anschauung nennt, bezeichnet lediglich die subjektiv bedingte Grundausstattung, kraft derer wir Wirklichkeit so und nicht anders wahrzunehmen in der Lage sind. Die konkrete Anschauung einer Sache wird notwendigerweise durch die Auffassungskapazitäten, von Kant »Form« genannt, des anschauenden Subjekts mitkonstituiert. Es ist diese apriorische Kondition oder Konstitution, die jeder partikulären Anschauung vorangeht, die die reine Anschauung umschreiben möchte.

Nach Kant ist die Form der Anschauung, ihr Apriori, die des Raumes und der Zeit. Das bedeutet, daß jede Anschauung den subjektiven Bedingungen von Raum und Zeit untersteht. Kant hat es versäumt, die Wesensbestimmung und die genauere Funktionsweise von Raum und Zeit präzise zu beschreiben. Womöglich konnte er voraussetzen, daß sie seinen damaligen, an Leibniz, Newton und Baumgarten geschulten Lesern, selbstverständlich war. Der Raum macht sich jedenfalls als die Form des »äußeren Sinnes« geltend. Vermittels des Raumes wird sozusagen die Apprehension der außer uns liegenden Dinge koordiniert; die Zeit hingegen betrifft die Form des »inneren Sinnes«. Darunter versteht Kant die innere Ordnung der Vorstellungen im Bewußtsein, das sich gleichsam linear erstreckt. Dabei wird angenommen, daß eine jede Vorstellung einen bestimmten Zeitpunkt einnimmt. Die Zeit erweist sich hier als in gewissem Sinne umfassender als der Raum, denn auch die räumlichen Vorstellungen, sofern sie die eines vorstellenden Subjektes sind, müssen sich ihrerseits in den inneren Bewußtseinsverlauf des Subjekts als »Zeiteinheiten« einordnen. »Unsere Vorstellungen mögen entspringen, woher sie wollen, ob sie durch den Einfluß äußerer Dinge, oder durch innere Ursachen gewirkt seien, sie mögen a priori, oder empirisch als Erscheinungen entstanden sein; so gehören sie doch als Modifikationen des Gemüts zum inneren Sinn, und als solche sind alle unsere Erkenntnisse zuletzt doch der formalen Bedingung des inneren Sinnes, nämlich der Zeit unterworfen, als in welcher sie insgesamt geordnet, verknüpft und in Verhältnisse gebracht werden müssen.« (KrV, A 98f.)

Die Zeit fungiert als die allgemeine apriorische Matrix, in die sich alle unsere Vorstellungen einschreiben. Negativ formuliert: Ich kann mir keine Vorstellung von etwas machen, wenn ich nicht voraussetze, daß diese Vorstellung eine bestimmte zeitliche, gar »jetztliche« Stelle in meinem Bewußtseinsstrom füllt und sich so von anderen Vorstellungspunkten unterscheidet. Diese Bedingung ist ein notwendiges und allgemeines Merkmal von allen Vorstellungen des inneren Sinnes. Notwendig und allgemein gilt also die Zeit als das einzige Apriori des inneren Sinnes. Dasselbe gilt selbstverständlich für den Raum in bezug auf den äußeren Sinn: Eine Vorstellung des Äußeren ist notwendig räumlich.

Seinen empiristischen und rationalistischen Vorgängern entlehnt Kant die Prämisse, daß die sinnlichen Daten zunächst eine konfuse Mannigfaltigkeit darstellen, die durch unser Gemüt geordnet und koordiniert werden muß, um erkenn- und voraussagbar sein zu können. Diese erste »Schematisierung« – die zweite und massivere wird von den reinen Begriffen des Verstandes geleistet – erfolgt bereits auf der Ebene der Sinnlichkeit, vermöge der reinen Anschauung, die alle sinnlichen Daten nach den Parametern von Raum und Zeit ordnet.

Diese apriorische, subjektbedingte Schematisierung hat eine Unterscheidung zwischen den Dingen an sich und ihren Erscheinungen zur Folge. Die Erscheinungen oder Phänomena (vom Griechischen *phainomena*: das Erscheinende) sind die Dinge, wie sie uns erreichen, nachdem sie von der apriorischen Form unseres Gemüts stillschweigend verarbeitet oder adaptiert worden sind. Niemals kennen wir die Dinge, wie sie an sich sind, d. h. vor dem Eingriff unseres Erkenntnisvermögens. Diese These wird in der gegenwärtigen Erkenntnistheorie Phänomenalismus genannt. Sobald die Dinge aufgefaßt werden, werden sie demnach in unsere Sprache übersetzt. Jeder erkenntnismäßige Diskurs handelt von Dingen, die bereits begrifflich schematisiert sind. Nach Kant

– und die neuere Psychologie hat ihn darin nicht widerlegt – vollzieht sich diese Schematisierung nicht erst durch den Begriff, sondern bereits auf dem Niveau der Sinnesperzeptionen, nämlich unter den Bedingungen von Raum und Zeit. – Es sei nebenbei bemerkt, daß ein Teil der nachkantischen Epistemologie daraus die weitere Konsequenz gezogen hat, daß jede Wirklichkeitsauffassung das Ergebnis einer motivierten Interpretation zum Zweck einer Situationsbewältigung sei. So führte Kants Phänomenalismus zu einem universellen Perspektivismus, nach dem es – laut Nietzsche – keine Fakten, sondern lediglich Auslegungen gebe.

Kant ist freilich von einem solchen Perspektivismus noch weit entfernt. Sein Phänomenalismus stellt keineswegs die Objektivität in Frage. Die Vorschematisierung des Realen nach dem Raster von Raum und Zeit gehört ja zur subjektiven Verfassung *aller* Menschen, die somit dieselbe phänomenale Welt teilen, in der sie leben. Objektivität ist in dieser universal gesetzten Welt durchaus möglich. Die wahre Erkenntnis ist die, die mit den Phänomenen übereinstimmt, so wie jeder sie wahrnehmen kann. Ferner setzt Kant die Existenz von Dingen an sich hinter den Erscheinungen als selbstverständlich voraus. Er behauptet lediglich, daß wir sie nicht erkennen können. Wenn etwas erscheint, muß es wohl dahinter Dinge (die Kant bildlich, und doch so unbildlich, wie es nur geht, mit dem stummen Buchstaben »X« bezeichnet) geben, dic als verborgene Quellen des Emporscheinenden operieren – gemäß einer Logik oder Kausalität, die uns versperrt bleiben muß. Wir erkennen die Welt nur, wie sie uns anspricht, wie sie auf uns Eindruck zu machen imstande ist. Die Sprache, der »logos« der Dinge selbst, ehe wir sie selber sprechend machen, ist uns völlig unbekannt. Die Erscheinungen sind nichts als die Übersetzungsversuche eines unzugänglichen Originals.

Was wir von einer Sache kennen, ist also nie deren Ansichsein, ihr intimes Wesen (»X«), wie es möglicherweise allein von Gott gedacht werden könnte. Kant unterscheidet sich darin von der traditionellen Philosophie, die im Ansichsein der Dinge das selbstverständliche Telos der Erkenntnis erblickte und dieses Ansichsein als intelligibles Wesen dachte. Der klassischen, auf Platon und Aristoteles zurückgehenden Auffassung zufolge, bestehen die Dinge aus einer Materie und einer Form, welche den spezifischen Charakter oder die substantielle Einheit einer Sache ausmacht. So bestehen beispielsweise die Bäume aus einer organischen Materie und einer spezifischen Form, die die Anordnung dieser Materie nach einem bestimmten Muster determiniert. Somit läßt sich sagen, daß im Grunde die Materie aller Bäume dieselbe ist, da alle aus Holz und Blättern bestehen. Was jedoch die Baumsorten voneinander unterscheidet, ist allein ihre jeweilige Form: Die Eiche gehorcht einem spezifischen Muster, die Birke einem anderen, usw. Wenn wir einen Baum erkennen wollen, so interessiert uns lediglich diese Form und ihre Charakteristika, sofern die Materie nichts ist als der namenlose, elastische Stoff, von dem sich nichts präzise sagen läßt, es sei denn, man spräche bereits in Kategorien der Form.

Diese artschaffende Form, die die Dinge nach gewissen Mustern gestaltet, indem sie die Materie so oder so »in-formiert«, heißt im Griechischen *Eidos* (gelegentlich auch *Morphè*), aus dem unser Wort »Idee« stammt. Die Idee bedeutet aber für das griechische Verständnis nichts Mentales, sondern ein den Dingen innewohnendes Ordnungsprinzip, nämlich die Form, die diese oder jene Art als solche bestimmt. Eidos besagt auch Spezies im Griechischen, und so ist für die Griechen – und für die philosophische Tradition im allgemeinen – die Erkenntnis einer Sache immer Wesenserkenntnis.

Das spezifische Wesen ist das (intellektuelle) Etwas, das eine Sache zu dem macht, was sie ist, buchstäblich: was die Spezies »macht« (spezifisch leitet sich aus *species facere* her). Da dieses Wesen oder Eidos etwas Ideelles an sich hat, lehrte Platon, der Initiator dieser Konzeption, daß diese Wesen ihren wahren Sitz in einer übersinnlichen, transzendenten Welt haben müßten. So besteht für Platon die reinste und höchste Erkenntnis in der spirituellen Schau eines Wesens in einer meta-physischen Welt. Das Eidos ist nämlich auf ein schauendes Kennen abgestellt.[15]

Kennen heißt im Griechischen *oida*, d.h. gesehen haben. Worauf die Erkenntnis zu blicken hat, ist stets ein Eidos, die Form einer Sache, sofern sie sich vom Auge der Seele als ein Selbiges durch deren verschiedene Verkörperungen hindurch anschauen läßt. Da die sinnliche Welt keinen Anhalt für eine solche Schau (auch *theoria* genannt, woher die Idee einer theoretischen Erkenntnis stammt) bot, mußte Platon – womöglich in pädagogischer Absicht[16] – diese ansichseienden Ideen in einer jenseitigen, intelligiblen Welt ansiedeln. Aristoteles versuchte, die Idee wieder in die natürliche Welt zu integrieren, als er lehrte, sie sei lediglich das spezifische Prinzip, das den Dingen unserer Welt ihre besondere Ausprägung verleihe. Der grundlegende Gedanke, daß die Erkenntnis auf das ewige Formprinzip oder Wesen der Dinge zu gehen habe, wurde aber beibehalten.

Nach der klassischen Epoche der griechischen Philosophie setzte sich allmählich die Auffassung durch, diese ideellen Wesen seien ursprünglich die Gedanken Gottes, deren Haupttätigkeit ja im reinen Denken bestehe, wie Aristoteles gelehrt hatte.[17] So wurde die Wesenserkenntnis langsam an die Erkenntnis Gottes angeglichen. Das Wesen der Dinge zu erkennen heißt, die Dinge erkennen, wie sie *sub specie aeternitatis* oder an sich sind. Hinter jedem Ding verberge sich schließlich ein Wesen, das idealiter auf einen Gedanken Gottes zurückzuführen sei. Noch für den Rationalismus der Neuzeit galt, daß die Erkenntnis auf dieses Wesen zu zielen hat, d. h. auf diesen universellen intellektuellen Gehalt der Dinge. Im Vergleich dazu bleibt die sinnliche Erkenntnis an der Oberfläche der Dinge haften, indem sie gerade nicht über die Eindrücke, die die Dinge zufällig auf unsere Sinne machen, hinausgeht. Einer Sache auf den Grund zu gehen – die metaphorische Redeweise findet hier ihre metaphysische Wurzel –, das heißt die superfizielle Rhetorik der Sinneseindrücke zu durchbrechen, um zum Wesen der Sache, wie sie an sich ist, vorzustoßen. Für Leibniz fand dieses Wesen seine Verkörperung in der Idee der Monade oder der einfachen Individualität, die ein jedes Ding an sich ist.

Dieser kurze historische Exkurs war nötig, um zu verdeutlichen, wovon sich die Phänomenalismusthese Kants absetzt. Mit Kants sinnlichkeitsgebundener Erkenntnisauffassung verschwindet dieses ansichseiende, monadische Wesen außerhalb des Reiches menschlicher Erkenntnismöglichkeit. Unsere Erkenntnis verfügt nämlich über keine intellektuelle Anschauung. Die Behauptung, daß wir die Dinge an sich nicht erkennen können, bedeutet für Kant, daß wir dieses intellektuelle Wesen, wie es sich vielleicht Gott vorstellt, nicht gewahr werden können. Die Essenz der Sachen wird durch ein »X« der Unerkennbarkeit durchkreuzt. Menschliche Erkenntnis, dies wird Kant wohl auch von den Empiristen gelernt haben, geht darin auf, eine Mannigfaltigkeit von sinnlichen Empfindungen, die unser Anschauungsvermögen anregen, auf die Einheit eines von uns erstellten Begriffes zusammenzufassen oder zu »synthetisieren«. Die zu erkennende »Form« des Baumes ist nicht das ihm innewohnende

Wesen, das eine intellektuelle Anschauung ergreifen könnte, sondern der allgemeine Begriff, den *mein* Verstand aus der Vielheit der Impressionen herausdestilliert hat. So begegnen wir etwa einer Mehrzahl von Bäumen, die die gleichen Merkmale haben, und fassen sie in einem Reflexionsakt unter der Bezeichnung »Eiche« zusammen. Was wir dabei kennen, ist nicht die Sache, wie sie an sich ist (ein Wissen, das womöglich Gott haben könnte, zumal er selber der Schöpfer aller in der Welt realisierten Wesen ist), sondern die Sache, wie sie sich aus der Vielheit ihrer sinnlichen Erscheinungen zu erkennen gibt. Der Phänomenalismus hat somit zur Folge, daß sich das (intelligible) Wesen aus dem Reich der möglichen Erkenntnis zurückzieht. Nichts hindert uns freilich zu unterstellen, daß es so etwas wie ein Wesen oder ein undefinierbares Ansich hinter den Erscheinungen geben könnte – und der Leibnizianer in Kant kann nicht es nicht gedacht haben[18] –, aber ein kognitiver Zugang zu diesem Ansich muß uns verwehrt bleiben.

Der »Begriff« eines Dinges – denn man muß doch immer von einem Begriff reden, will man ein Etwas erkennen oder definieren – resultiert nunmehr allein aus der Arbeit unseres Geistes. Der Begriff von einer Sache bezeichnet nicht mehr das, was deren ansichseiendes Wesen ausmacht, sondern eine von unserem Verstand erstellte Allgemeinheit, wenn er über das Mannigfaltige der raumzeitlichen Empfindungen reflektiert und nach Gemeinsamkeiten, die sich in diesen Grenzen bieten, ausspäht. Mit Kant vollzieht sich seitens des Verstandes eine Art »Wiederaneignung« der konzeptuellen Ordnung, die früher dem Ansichsein der Dinge zugesprochen worden war. Die Erkenntnis ist nicht mehr die intuitive Schau einer unabhängig von uns existierenden Essenz, sondern die begriffliche und subjektive Schematisierung eines raumzeitlich Gegebenen. Die universelle »Form« der Dinge (beispielsweise ihre Kategorien) liegt nicht ursprünglich in den Sachen selbst, sondern in unserem kognitiven Vermögen. Von hier aus wird später die Möglichkeit einer universellen und somit apriorischen Erkenntnis von der Welt und ihren Prinzipien abzuleiten sein.

Kant bringt sehr knappe Argumente vor, um die Apriorität von Raum und Zeit, aber zugleich – und das ist hier wichtiger – ihren intuitiven oder nichtbegrifflichen Charakter zu erweisen. Was die Apriorität von Raum und Zeit sichert, ist schlechthin die Unmöglichkeit, von einem raumzeitlichen Rahmen bei der Auffassung des sinnlich Gegebenen zu abstrahieren. In einem Gedankenspiel läßt sich etwa vorstellen, daß es keine Dinge im Raum gibt, aber nicht, daß es keinen Raum gibt. Ebenso kann ich von allen Merkmalen einer »inneren« Vorstellung absehen, bis auf den Umstand, daß sie einen Zeitpunkt in der Reihe meiner Gedanken erfüllt. Damit erweist sich, daß Raum und Zeit nicht kontingente, abstrahierbare Bestandteile, sondern notwendige und universelle, mithin apriorische Bedingungen jeder möglichen Anschauung sind. Die Demonstration der Apriorität von Raum und Zeit scheint Kant keine großen Schwierigkeiten zu bereiten, zumal sie im Umfeld des Rationalismus allgemein anerkannt war.

Anders steht es mit dem etwas mühsameren Aufweis ihres intuitiven Charakters, der ausschlaggebender ist, denn er soll die Möglichkeit einer apriorischen Erkenntnis in der Mathematik nach sich ziehen. Nach Kant ist eine scharfe Trennungslinie zwischen dem Reich des Begriffs und dem der Intuition zu ziehen. Ein Begriff stellt stets eine generische Einheit dar, die sich in eine Mehrzahl von heterogenen Arten spezifiziert. So fungiert etwa der Gattungsbegriff des Säugetieres als die gemeinsame Bezeichnung von Arten, die sich durch zahlreiche Merkmale voneinander unterscheiden. Jeder Begriff ordnet sich in diese Hierarchie von Art und Gattung ein. Nach Kant sind aber Raum und Zeit nicht im eigentlichen Sinne Begriffe oder begrifflicher Natur. Denn beide bilden eine Einheit, die nicht verschiedene Arten und Gattungen, sondern homogene Teile enthalten. Eine Einteilung des Raumes (oder der Zeit) ist Teil ein und desselben Raumes, der einheitlich und unendlich ist, während die Einteilungen eines Begriffs heterogene Arten bilden. Ferner ist es möglich, durch einen Teil derselben sich den Raum oder die Zeit als Ganzes vorzustellen. Man braucht dabei nur den gegebenen Raum- oder Zeit*abschnitt* ins Unendliche auszudehnen. Bei der begrifflichen Ordnung hingegen müssen verschiedene Arten miteinander verglichen werden, um den einheitlichen Begriff der Gattung zu bilden.

Die einzigen Fälle reiner Anschauung sind die von Raum und Zeit. Alle anderen apriorischen Vorstellungen sind begrifflichen oder diskursiven Zuschnitts. Es ist gerade diese Eigenschaft der reinen Anschauung, die bei Kant die Möglichkeit einer synthetischen Erkenntnis a priori in der Mathematik begründen soll. Ein synthetisches Urteil a priori verknüpft auf notwendige und universelle Weise ein Subjekt mit einem Prädikat, die kein analytisches Ganzes bilden, wo das Prädikat bereits im Subjekt enthalten wäre. Wie wir gesehen haben, ist ein drittes Bindeglied neben Subjekt und Prädikat erforderlich, um einen synthetischen Satz auszuweisen. Bei den Urteilen a posteriori, die alle synthetisch sind, fungiert die Erfahrung oder die von ihr eingeforderte Beglaubigung als dieses dritte Glied. Nun fehlt dieser Rekurs auf die Erfahrung vollends, wenn es um synthetische Sätze *a priori* geht. Wie lassen sie sich wohl erweisen? Hier gibt es kein allgemeines Rezept; jede spezifische Vernunftwissenschaft bedarf einer gesonderten Legitimierung. Was die Ausweitung des apriorischen Wissens in der Mathematik beglaubigen wird, ist die reine Anschauung von Raum und Zeit.

Auch hier nehmen sich Kants Angaben äußerst kärglich aus. Nichtsdestoweniger lassen sich die entscheidenden Schritte seiner Argumentation halbwegs verständlich machen. Raum und Zeit bestimmen die Form unserer Sinnlichkeit schlechthin. Wenn alles Anschaubare den Bedingungen von Raum und Zeit unterworfen ist, dann werden Aussagen, die vom Raum oder der Zeit überhaupt handeln, allgemeinen Charakter beanspruchen dürfen. Sofern von konkreten Anschauungsinhalten abstrahiert wird, werden Sätze über den reinen Raum und die reine Zeit schlichtweg a priori (d. h. universal und notwendig) sein. Synthetische Erkenntnis wird auch möglich sein, denn die reine Anschauung von Raum und Zeit wird als drittes Bindeglied eine Veranschaulichungsmöglichkeit für mathematische Sätze bieten. Denken wir an das einleuchtende Beispiel der Geometrie. Sie versteht sich in der Tat als apriorische Wissenschaft vom Raum, aber ihre Konstruktionen (Zirkel, Parallelen, usw.) handeln nicht vom empirischen, physisch beobachteten Raum als solchem, sondern von der Räumlichkeit schlechthin, vom puren Raum, so wie er sich jedenfalls von unserer Anschauung aufbauen läßt. Wenn der Geometer von den Eigenschaften des Dreiecks redet, spricht er lediglich vom Dreieck, wie es sich a priori bilden läßt, nicht von demjenigen, das man mit der Kreide zeichnen kann und das nie der apriorischen Figur des Dreiecks vollkommen entsprechen wird. Die Möglichkeit solch idealer Konstruktionen beruht nach Kant auf dem apriorischen Fundament der reinen Anschauung. Es ist jedenfalls das einzige Fundament, das von der unbezweifelbaren Universalität und Notwendigkeit mathematischer Sätze Zeugnis ablegen kann. Die Mathematik hat das Besondere an sich, daß sie pure Wissenschaft ist, ohne rein intellektualistisch zu sein. Sie gründet auf einer sinnlichen Grundlage, die jedoch a priori ist. Ihre Möglichkeit verdankt sich allein der apriorischen Form unserer Sinnlichkeit, der reinen Anschauung von Raum und Zeit. Die Mathematik ist keine rein logische oder verstandesmäßige Wissenschaft, sie ist auch intuitiven Charakters, der sich a priori aufweisen läßt. In der reinen Anschauung verfügt jeder über die Kompetenz, die Aussagen der Mathematik zu verifizieren. Was man sich da veranschaulicht, sind keine empirischen Gegenstände im äußeren Raum, sondern Konstruktionen im reinen Raum als solchem in der Form unserer Anschauung ohne empirischen Einschlag.

So vermag die reine Anschauung den phänomenalen Wahrheitsanspruch mathematischer Wissenschaft zumindest explizit zu machen. Mehr wollte Kant auch nicht erreichen. Seine knapp vorgeführte Theorie der Mathematik dient nicht als Selbstzweck. Kant interessiert sich nur für den von niemandem bezweifelten Erfolg der Mathematik, um das viel fragwürdigere Problem der Möglichkeit der Metaphysik anzugehen. Die Erklärung der Möglichkeit der Mathematik durch den Rekurs auf die reine Anschauung scheint aber das Projekt einer wissenschaftlichen Metaphysik nur noch schwieriger gemacht zu haben. Und dies in doppelter Hinsicht: Zum einen wird es der Metaphysik verwehrt, sich künftig auf das Beispiel der Mathematik zu berufen, wie sie es von Platon bis Leibniz getan hatte, um die Legitimität ihres apriorischen Wissensanspruchs abzustützen. Die Mathematik verfügt über eine intuitive und sinnliche, obzwar apriorische Veranschaulichungsgrundlage, die der Metaphysik fehlt. Etwas Strengeres als der träge Hinweis auf die Leistung der Mathematik wird von der Metaphysik aufgeboten werden müssen, um ihre Wissenschaftlichkeit sicherzustellen. Zum anderen hat die Ästhetik gerade auf die Notwendigkeit einer raumzeitlichen Ausweisung für jeglichen Erkenntnisanspruch insistiert. Die die Mathematik stützende Anschauung ist die einzige, die sich rein geben läßt. Worauf wird sich wohl eine metaphysische Erkenntnis gründen lassen, die doch von dem handeln möchte, was jenseits raumzeitlicher Grenzen steht? Indem er die Möglichkeit der Mathematik als synthetischer Wissenschaft a priori etabliert, scheint der Ausgang der Ästhetik das empiristische Verifikationsprinzip [19] zu bestätigen, dessen Folgen für die herkömmliche Metaphysik vorerst katastrophal erscheinen: Jeder Diskurs mit Wissenschaftsanspruch wird sich an das halten müssen, was sich in einer raumzeitlichen Anschauung kontrollieren läßt. Worin wird wohl in Ermangelung einer intellektuellen Anschauung die Glaubwürdigkeit einer raumzeitliche Koordinaten überschreitenden Metaphysik bestehen? In dieser von Kant hartnäckig verfolgten Frage steckt die Herausforderung, womöglich die Tragödie einer jeden Metaphysik.

6. Die Logik einer apriorischen Naturkonstitution in der Physik

Die Theorie der Prinzipien a priori der Sinnlichkeit, die aufgerufen ist, die Legitimität der Mathematik zu gewährleisten, umfaßt nicht mehr als zwanzig Seiten in der *Kritik der reinen Vernunft.* Die Theorie der Prinzipien des reinen Denkens, die transzendentale Logik, wird ihrerseits mehr als vierhundert Seiten verlangen. In ihr soll die Gültigkeit der Physik und der herkömmlichen Metaphysik entschieden werden.

Kants »transzendentale Logik« hat mit der üblichen Logik, wie sie noch bis heute in der philosophischen Tradition praktiziert wird, wenig zu tun. Nichtsdestoweniger bestimmte Kant die spezifische Aufgabenstellung dieser unerhörten Logik, indem er sie von der klassischen, aristotelischen Logik abhebt. Die Logik versteht sich für gewöhnlich als die formale Wissenschaft des Denkens, als die Wissenschaft der Regel der rechtmäßigen Schlußfolgerung. Ihr oberstes Prinzip ist der Satz vom Widerspruch. Gemäß seiner anfänglichen Fassung in der aristotelischen *Metaphysik* (Buch IV) »ist es unmöglich, daß ein Prädikat ein und demselben Subjekt zur selben Zeit und nach demselben Verhältnis zukommt«. Es fällt auf, daß diese Formulierung rein negativen Charakter besitzt. In Wahrheit ist dieser prohibitive Gehalt allen Geboten der Logik, wie sie Kant versteht, eigen. Logik kann nur lehren, welche formellen Irrtümer zu meiden sind, will man die Basisbedingung eines jeden sinnvollen Diskurses respektieren. Als formale (und nach Kant analytische) Wissenschaft hat die Logik aber nichts über die *inhaltliche Wahrheit* unserer Urteile zu sagen. Der Wahrheitsanspruch unserer Urteile hängt wie selbstverständlich von den gegebenen Inhalten ab, über die sich formal nichts angeben läßt.

Auf die algebraische Stringenz unserer Aussagen beschränkt, kümmert sich die herkömmliche Logik also nur um die logische Form unserer Erkenntnis, sei sie nun rein oder empirisch. Kants Unternehmen hingegen beschränkt sich auf eine Kritik der *reinen* Vernunft. In seinen Augen ist eine besondere Logik, die er transzendental nennt, für das spezifische Feld der reinen Erkenntnis erforderlich. Denn man könne sich in diesem Bereich nicht mit strikt formalen Regeln begnügen, die vom Gegenstand oder von der Materie unseres Wissens absähen. Es ist gerade dieser apriorische Gegenstandsbezug, der bei rein sein wollenden Erkenntnissen problematisch ist: Wie läßt sich ausmachen, ob eine reine Erkenntnis etwas Wahres behauptet, wenn man sich dafür auf das Zeugnis der Erfahrung nicht mehr verlassen kann? Die Ästhetik hatte eine separate Lösung für die Mathematik gefunden: Diese beschäftigt sich aber »mit Gegenständen und Erkenntnissen bloß so weit, als sich solche in der [reinen] Anschauung darstellen lassen« (KrV, B 8). Der Gegenstandsbezug ist ja in einer konstruktivistischen Wissenschaft wie der Mathematik minimal, jedenfalls minimal gegeben.

Läßt sich aber ein apriorischer Gegenstandsbezug für Objekte, die sich nicht in der reinen Anschauung von Raum und Zeit geben lassen, vorstellen? Gibt es etwa inhaltliche und nicht nur formallogische Regeln für das reine Denken, das nicht mathematischer Natur ist? Kant ist der Auffassung, daß es so etwas gibt. So wird es Aufgabe einer transzendentalen »Logik« sein, die Möglichkeit eines objektiven Gegenstandsbezuges a priori zu erweisen. Ihre auf den *inhaltlichen* Bezug apriorischen Denkens beschränkte Zielrichtung unterscheidet sich merklich von der herkömmlichen Logik, die es nur auf das Formale absieht, denn der inhaltliche Wahrheitsgehalt, zumal der des aposteriorischen Erkennens, läßt sich in der Regel anhand der Erfahrung verifizieren. Da dieser Rekurs auf die Erfahrung beim reinen Denken nicht statthaben kann (sonst handelte es sich um aposteriorisches Wissen), wird eine transzendentale Logik die Bedingungen, unter denen ein apriorischer Wahrheitsanspruch legitimerweise erhoben werden kann, zu ermitteln haben: »Die allgemeine Logik abstrahiert, wie wir gewiesen, von allem Inhalt der Erkenntnis, d.i. von aller Beziehung derselben auf das Objekt, und betrachtet nur die logische Form im Verhältnisse der Erkenntnisse aufeinander, d.i. die Form des Denkens überhaupt. Weil es nun aber sowohl reine, als empirische Anschauungen gibt, (wie die transzendentale Ästhetik dartut), so könnte auch wohl ein Unterschied zwischen reinem und empirischem Denken angetroffen werden. In diesem Falle würde es eine Logik geben, in der man nicht von allem Inhalt der Erkenntnis abstrahierte; denn diejenige, welche bloß die Regeln des reinen Denkens eines Gegenstandes enthielte, würde alle diejenigen Erkenntnisse ausschließen, welche von empirischem Inhalte wären.« (KrV, A 55/B 80)

Eine transzendentale Logik wird also »die Regeln des reinen Denkens eines Gegenstandes« zu bestimmen haben, soll die Wissenschaftlichkeit einer nicht-mathematischen Erkenntnis a priori gestiftet werden. Während sich die formale Logik, deren Geltungsgesetze weiterhin für alle Erkenntnis bestimmend sind, ein Urteil über die Materie der Erkenntnis verbieten muß, wird eine transzendentale Logik des reinen Denkens nicht umhinkönnen, über den etwaigen Inhalt reiner Erkenntnis zu befinden, denn die Inhaltsverifikation läßt sich hier nicht der Erfahrung anheimstellen. Sie wird in Kants Sprache die »Bedingungen der Möglichkeit« eines solchen verifizierbaren apriorischen Gehaltes herausstellen. Die von Kant entworfene Logik des Transzendentalen wird also über die Legitimität oder Illegitimität eines Wissens aus reinen Begriffen entscheiden. Wie können sich indes reine Begriffe auf »Gegenstände« beziehen? Gibt es überhaupt ein solches Apriori in unserem Verstand?

Das einzige Apriori, das sich im Verstand finden läßt, besteht für Kant in den logischen Formen des Urteils und den ihnen zugrunde liegenden Akten. Die Verbindung – oder Synthesis, um Kants Terminus zu gebrauchen, der übrigens der Etymologie des lateinischen Begriffs conceptus (cumcapere: zusammenfassen) nahesteht – eines Subjektes mit einem Prädikat vollzieht sich immer nach bestimmten formalen Typen. So gibt es Urteile, die bejahend, andere, die verneinend sind, so wie es andere gibt, die in allgemeiner oder besonderer Zielsetzung konzipiert sind; andere wiederum folgen der Relation »wenn x, dann y«; andere drücken mögliche, wirkliche oder notwendige Verhältnisse aus, usw. Diese *logische Form* des Urteils, unter die sich alle möglichen empirischen Inhalte subsumieren lassen, gehört zum Verstand selbst, der ja auch seit alters her als Urteilsvermögen aufgefaßt worden war. Diese Form aktiviert sich stets in Beziehung auf empirische Daten, aber als Mechanismus des Urteilens gehört sie ursprünglich zur Verfassung des urteilenden oder sprechenden Subjekts. Diese logischen Formen des Urteils stecken den Rahmen der Erfahrung gemäß der apriorischen Grammatik des Subjektes ab. Der reine Begriff ist nicht so sehr eine mentale Vorstellung als eine Regel für unser Urteil, wie Kant immer betont. Der reine Begriff ist ursprünglich keine »eingeborene Idee«, so sehr er an sie erinnern mag, sondern ein Akt des Denkens. Es sind diese elementaren Urteilsakte, die die apriorische Logik, gleichsam die Syntax eines jeden Denkens, konstituieren. Nach ihr gliedert sich auch die Syntax der Wirklichkeit, d.h. die Schematisierung der sinnlichen Erscheinungen nach den Kategorien unseres Verstandes.

So erfolgt nach Kant eine Vorstrukturierung der Erfahrung vermittels der reinen Begriffe unseres Verstandes. Sie ist a priori, d.h. universal und notwendig, denn sie wird stillschweigend vom erkennenden Subjekt auf alle empirischen Gehalte appliziert. Es läßt sich sagen, daß die sprachanalytische Philosophie des 20. Jahrhunderts geradewegs aus dieser originellen Einsicht Kants entsprungen ist, derzufolge die Wirklichkeitsauffassung vom »apriorischen« System der Grundkategorien unserer Sprache determiniert wird. Kant hat übrigens selber seine eigene Vorgehensweise mit der Arbeit eines Grammatikers verglichen: »Aus dem gemeinen Erkenntnisse der Begriffe heraussuchen, welche gar keine besondere Erfahrung zum Grunde liegen haben und gleichwohl in aller Erfahrungserkenntnis vorkommen, von der sie gleichsam die bloße Form der Verknüpfung ausmachen, setzte kein größeres Nachdenken oder mehr Einsicht voraus, als aus einer Sprache Regeln des wirklichen Gebrauchs der Wörter überhaupt heraussuchen und so Elemente zu einer Grammatik zusammentragen (in der Tat sind beide Untersuchungen einander auch sehr nahe verwandt).«[20]

Selbstredend interessiert sich Kant weniger für die Syntax konkreter Sprachen, deren Untersuchung dem Linguisten überlassen werden kann, als für die »transzendentale Grammatik, die den Grund der menschlichen Sprache enthält«.[21] Da sie jedem materiellen Denkinhalt und jeder Sprache vorausgehen, bilden die Regeln oder »Begriffe« dieser Grammatik die einzigen kognitiven Aprioris unseres Verstandes. Kant wird insbesondere zwölf Grundoperationen des Urteils herausstellen und in einer systematischen Übersicht ordnen, deren Hauptzüge er den logischen Lehrbüchern seiner Zeit entleiht. Es ist nicht nötig, diese klassische Tafel der zwölf Urteilsformen, die hinsichtlich der Quantität, Qualität, Relation und Modalität rubriziert sind, hier wiederzugeben.[22] Die Zusammenstellung dieser Tafel ist nicht ganz frei von willkürlichen Kunstgriffen, zumal sie in weiten Teilen mit Blick auf eine bereits konstituierte Physik, deren apriorische Begründung sie abliefern soll[23], post factum konstruiert wurde. Überzeugt, mit diesem Gerüst das kategoriale Apriori unseres Geistes erfaßt zu haben, wird Kant sie noch öfter in systematischer Absicht fruchtbar zu machen versuchen, so wenn er das apriorische System der Metaphysik rekonstruiert. Auch wenn das Ganze künstlich wirken mag, wird man gleichwohl seine Motivation zu würdigen wissen. Sie ist schon darin lehrreich und originell, daß sie die Aprioris unseres Intellekts an die logische Funktionsweise unserer Urteilskraft zurückbindet. Es gibt kein anderes Apriori in unserem Geiste als die logische Operationsstruktur unseres Verstandes in seiner Verarbeitung von empirischen Gegebenheiten.

Nachdem die zwölf Kategorien konsequent aus den zwölf Urteilsformen abgeleitet worden sind, wird die Hauptfrage der transzendentalen Logik in dem problematischen Gegenstandsbezug solcher Kategorien liegen. Wenn diese Kategorien a priori in uns vorhanden sind, wie läßt sich ausmachen, ob sie auch objektive Geltung besitzen? Das Problem läßt sich am Beispiel der Kausalität gut veranschaulichen; es spielte schon bei Hume eine wichtige Rolle. Über weite Strekken seiner transzendentalen Logik wird sich Kant inhaltlich mit Hume auseinandersetzen, jedoch ohne ihn beim Namen zu nennen, wohl in der Absicht, jegliche historische Betrachtung aus seiner Analyse des reinen Verstandes zu verbannen.[24] Hume hatte nämlich festgestellt, daß sich die Kausalität nicht empirisch beobachten läßt. Zum Beispiel beobachte ich die scheinende Sonne und das warme Fenster, zwei Vorstellungen, zwischen denen ich eine Kausalitätsrelation herstelle, indem ich sage: Die Sonne erwärmt das Fenster. Was begründet eigentlich diesen Satz, also diese Verbindung von zwei verschiedenen Wahrnehmungen? Nichts, antwortet Hume, es sei denn die rein subjektive Gewohnheit, mit Hilfe des Ursachenprinzips Vorstellungen bislang in nützlicher und erfolgreicher Weise verknüpft zu haben. Kant ist sich mit Hume darin einig, daß die Kausalität ein subjektives Prinzip unseres Verstandes in seiner gelingenden Verarbeitung empirischer Vorstellungen repräsentiert. Er unterstreicht auch ihren apriorischen Charakter, indem er sie aus der Urteilsform »wenn x, dann y« ableitet. Was garantiert aber, daß diese subjektive und damit apriorische Kategorie Objektivität besitzt? Anders formuliert: Sind unsere Urteile über Kausalitätsfälle nichts als eine subjektive und fragliche Weise, sinnliche Daten einzustufen, womit sich Hume zufriedengab, oder dürfen sie darüber hinaus einen objektiven Geltungsanspruch erheben? Sollte sich die Kategorie der Kausalität als objektiv erweisen, was Kant zu beweisen verspricht, wäre alsdann die weitere Frage zu stellen, ob sich von ihr ein Gebrauch machen läßt, der den Rahmen der Erfahrung übersteigt. Dies hatte ja die klassische Metaphysik immer vorausgesetzt, als sie sich des Satzes vom Grund oder von der Kausalität bediente, um per Vernunftschluß ein erstes, göttliches Kausalprinzip der Wirklichkeit zu erschließen. Die Legitimität der syllogistischen Metaphysik hängt somit von der Objektivitätsbreite der apriorischen Begriffe unseres Verstandes ab.

Diese Frage nach der Legitimität eines apriorischen Gegenstandsbezugs soll sich in einem besonders schwierigen Abschnitt der *Kritik*, der transzendentalen Deduktion, entscheiden: »Ich nenne daher die Erklärung der Art, wie sich Begriffe a priori auf Gegenstände beziehen können, die *transzendentale* Deduktion derselben.« (KrV, A 85/B 117) Diese Formulierung ist im Prinzip klar. Nachdem die apriorischen Begriffe oder Operationen des reinen Denkens aufgefunden worden sind, bleibt nur, ihren Objektivitätsanspruch glaubhaft zu machen. Sobald man sich jedoch in das Dickicht des Textes einläßt, den Kant in der zweiten Auflage von 1787 vollkommen neu redigiert hat, wird man mit zwei distinkten Aufgaben konfrontiert, die Kant zusammen zu behandeln scheint. Um der Klarheit willen seien sie hier auseinandergehalten.

Einmal geht es um die Objektivität der reinen Verstandesbegriffe, d.h. um die Demonstration, daß diese allein imstande sind, objektive Erkenntnis von der Welt möglich zu machen, etwa um den Erweis, daß das Kausalitätsurteil über empirisch Vorkommendes objektiv sein kann. Dann geht es in der transzendentalen Deduktion aber auch – gemäß der bündigen Problemstellung einer Kritik der *reinen* Vernunft – um die Erklärung der Art und Weise, wie synthetische Sätze a priori in der Physik, die Kant in der darauffolgenden Sektion der »Analytik der Grundsätze« konsequent darlegen wird, möglich sind. Beide Probleme sind legitim und dringend, aber Kant unterscheidet sie nicht immer voneinander. Kants *Kritik* scheint sie miteinander vermengt zu haben, womöglich um die Stoßkraft ihrer zentralen These über den subjektiven Ursprung von jedem Erkenntnisanspruch a priori, ja, von jedem Erkenntnisanspruch überhaupt, sei er empirisch oder rein (daher die Konfusion), zu verstärken.[25]

Kant scheint zwei Probleme zugleich lösen zu wollen: einmal die Legitimation der apriorischen Erkenntnis (die ihrem Wesen nach das einzige Problem einer transzendentalen Logik sein soll), aber auch die Legitimation der aposteriorischen Erkenntnis, die andere Texte Kants durchweg der jeweiligen konkreten Beobachtung überlassen. Beide Probleme werden vermengt, weil sie eine ähnliche Lösung erfahren: den Rekurs auf apriorische Leistungen des reinen Verstandes. Das Dilemma wird erschwert von der Obskurität des Textes der transzendentalen Deduktion, an dem sich Generationen von Kantspezialisten abgemüht haben. Während manche Forscher hier eine ungemein subtile, schrittweise vorgehende Argumentation wittern, bemängeln andere die ungeschickte und wiederholungsreiche Entfaltung eines zirkelhaften Beweises.[26] Eine kohärente und allgemein akzeptierte Deutung des schwierigen Textstückes hat sich noch nicht durchgesetzt.

In dieser Einführung dürfen wir uns mit einem Umriß von Kants Lösungen begnügen. Setzen wir bei dem ursprünglicheren Problem der Objektivität synthetischer Urteile in der reinen Physik an. Das synthetische Urteil, um dessen Ermöglichung es hier geht, wird zwei Termini miteinander verknüpfen: den reinen Verstandesbegriff und die reine Anschauung von Raum und Zeit (wobei die Zeit in der Schematisierung der Kategorien bevorzugt zu sein scheint, da sie eine glaubwürdige Vermittlung zwischen Anschauungs- und Denkgehalt zu erstellen verspricht). Die synthetischen Urteile a priori der Physik würden nämlich nichts anderes als die notwendige Synthesis des zeitlichen Verlaufs der Phänomene, so wie sie sich auf der Ebene der Anschauung rein konstruieren läßt, mit der kategorialen Bestimmung der reinen Verstandesbegriffe ausdrücken. Negativ formuliert: Verliefe der phänomenale Zeitverlauf ordnungslos, wäre eine regelhafte Erkenntnis der physischen Welt nicht zu haben. Auch hier mag das Exempel der Kausalität als Veranschaulichung dienen. Was der reine Begriff der Kausalität und Dependenz a priori verlangt, ist lediglich, daß die Sukzession des Mannigfaltigen in der Anschauung einer Regel folgt, die somit der reinen Anschauung als kategoriale Rahmenbedingung zudiktiert wird. Diese Regel lautet: »Alle Veränderungen geschehen nach dem Gesetze der Verknüpfung der Ursache und Wirkung.«[27]

Dem Anschein zum Trotz ist dieser Satz nicht empirisch. Er ist vielmehr a priori, da er etwas Universales (»alle ...«) und Notwendiges (die Abfolge des Geschehens läßt sich nicht anders denken) behauptet. Der Satz ist ferner synthetisch, indem er der Veränderung die Idee einer notwendigen kausalen Verknüpfung beilegt. Wie ist aber ein solcher Satz möglich? Aufgrund der Möglichkeit der Erfahrung, lautet Kants eindeutige, obgleich etwas rätselhafte Antwort. Sie hat zunächst etwas Überraschendes, weil die Möglichkeit *apriorischer* Erkenntnis hier vom Zeugnis der *Erfahrung* abzuhängen scheint, was einem hölzernen Eisen gleichkäme, denn ein Satz, dessen Geltung auf Erfahrung beruhte, wäre keinesfalls mehr a priori. Kant muß also hier Grundsätzlicheres gemeint haben, nämlich daß solche synthetischen Sätze a priori notwendig sind, um von der *Möglichkeit* der Erfahrung – hier verstanden als ein kohärentes Ganzes unserer Erkenntnis – Rechenschaft ablegen zu können.

Nun beweist der Umstand, daß die Erscheinungsabfolge ausnahmslos einer Kausalkette gehorcht, für die es allgemeingültige Gesetze gibt, deren Ursprung nur a priori sein kann, daß Erfahrung doch möglich ist. Eine Anschauungsgrundlage ist auch hier gegeben, denn die Prinzipien des reinen Verstandes sind ebensoviele Bestimmungen der reinen *Anschauung* vermittels unserer Kategorien, vor jeder konkreten Erfahrung und für sie: »Die transzendentale Logik [hat] ein Mannigfaltiges der Sinnlichkeit a priori vor sich liegen, welches die transzendentale Ästhetik ihr darbietet, um zu den reinen Verstandesbegriffen einen Stoff zu geben, ohne den sie ohne allen Inhalt, mithin völlig leer sein würde.« (KrV, A 76 f./B 102)

Dies hat auch zur Folge, daß die Natur ihre Wesengrundlagen in der subjektiven Verfassung unseres Gemüts finden wird. Der menschliche Verstand ist selber der ursprüngliche Gesetzgeber der Natur, sofern man unter Natur die »Gesetzmäßigkeit der Erscheinungen in Raum und Zeit« (KrV, B 115) nach bestimmten Gesetzen versteht. »Die Ordnung und Regelmäßigkeit also an den Erscheinungen, die wir Natur nennen, bringen wir selbst hinein, und würde sie auch nicht darin finden können, hätten wir sie nicht, oder die Natur unseres Gemüts ursprünglich hineingelegt.« (KrV, A 125) Hier begegnet uns offenbar eine der folgenschwersten Thesen der *Kritik der reinen Vernunft*. Die allgemeine Gesetzgebung der Natur verdankte sich demnach einer stillschweigenden Leistung unseres Verstandes, die auch allgemeingültige Gesetze der Natur, von denen die reine Physik handelt, möglich machen würde. Woher wäre die Allgemeinheit der Naturgesetze wohl abzuleiten, wenn nicht aus dem reinen Verstand selbst? Kant behauptet damit nicht, daß alle Naturgesetze aus unserem Gehirn entspringen. Was wir a priori in die Natur hineinlegen, sind lediglich allgemeine Rahmenbedingungen für die Gesetzmäßigkeit der Phänomene, insbesondere die Forderung, daß die Welt der Erscheinungen einer mathematischen Ordnung und gewissen Parametern von Kausalität und Permanenz unterworfen ist, soll sie für uns erkennbar werden.

Die weiteren, partikulareren Naturgesetze sind allesamt der Erfahrung zu entnehmen.

Aber vor jeder Erfahrung muß sich das phänomenal Angebbare (dessen Bedingung der Möglichkeit, Raum und Zeit, auch bloß in uns liegt) gewissen Prinzipien a priori beugen. Kant geht freilich davon aus, daß das Gegebene zunächst ein mannigfaltiges Durcheinander bildet, in das der Verstand Ordnung einzuführen berufen ist. Kant definiert ja die Natur als »den Zusammenhang der Erscheinungen ihrem Dasein nach, nach notwendigen Regeln, d.i. nach Gesetzen« (KrV, A 216/B 263). Eine derartige – allgemeingültige und notwendige – Ordnung weist von sich aus auf einen apriorischen Ursprung hin.

Es ist aber für Kants Argumentation entscheidend, daß eine solche allgemeingültige Ordnung nur für die Welt der Phänomene gilt, denn allgemeingültige Gesetze über Dinge an sich lägen weit außerhalb unserer Erkenntnismöglichkeiten: »Allein Erscheinungen sind nur Vorstellungen von Dingen, die, nach dem, was sie an sich sein mögen, unerkannt da sind. Als bloße Vorstellungen aber stehen sie unter gar keinem Gesetze der Verknüpfung, als demjenigen, welches das verknüpfende Vermögen vorschreibt.« (KrV, B 164) Die von der Physik behandelten allgemeingültigen Gesetze der Natur drücken also nichts weiter aus als die apriorische Gesetzgebung, die unsere reinen Verstandesbegriffe der phänomenalen Mannigfaltigkeit auferlegen. Zentral an der transzendentalen Deduktion ist infolgedessen die Phänomenalismusthese, was Kant dann auch am Ende der Deduktion bestätigt: »Reine Verstandesbegriffe sind also nur darum a priori möglich, ja gar, in Beziehung auf Erfahrung, notwendig, weil unser Erkenntnis mit nichts, als Erscheinungen zu tun hat, deren Möglichkeit in uns selbst liegt, deren Verknüpfung und Einheit (in der Vorstellung eines Gegenstandes) bloß in uns angetroffen wird, mithin vor aller Erfahrung vorhergehen, und diese der Form nach auch allererst möglich machen muß. Und aus diesem Grunde, dem einzigmöglichen unter allen, ist dann auch unsere Deduktion der Kategorien geführt worden.« (KrV, A 130) Damit sind die Grundzüge der Kantischen Antwort auf die zweite Hauptfrage seines Werkes gegeben: Wie ist die reine Physik als Wissenschaft möglich?

Kant geht aber etwas weiter, wenn er versucht, auf den reinen Verstandesbegriffen auch die Legitimität der aposteriorischen Urteile der empirischen Wissenschaft zu gründen. Sowohl in den *Prolegomena* von 1783 als auch in der zweiten Fassung der transzendentalen Deduktion hat er eine an sich äußerst wichtige Unterscheidung zwischen Wahrnehmungs- und Erfahrungsurteilen eingeführt. Die Verbindung eines Subjektes mit einem Prädikat besitzt zunächst nur subjektive Geltung für den Auffassenden. In diesem Sinne ist der Satz »Die Sonne erwärmt das Fenster« vorerst bloß ein Wahrnehmungsurteil. Es verwandelt sich aber in ein (objektives) Erfahrungsurteil, sobald ein reiner Verstandesbegriff die objektive Geltung der Urteilssynthesis besiegelt: »So werden Erfahrungsurteile ihre objektive Gültigkeit [...] bloß von der Bedingung der Allgemeingültigkeit der empirischen Urteile entlehnen, die [...] niemals auf den empirischen, ja überhaupt sinnlichen Bedingungen, sondern auf einem reinen Verstandesbegriff beruht.«[28] Die Motivation dieser Lösung ist im Keim überaus verständlich: Da reine Verstandesbegriffe ob ihres apriorischen Ursprunges Träger von Universalität und Notwendigkeit sind, »übertragen« sie gleichsam diese Universalität auf die »Erfahrungsurteile«, die dadurch eben wissenschaftlichen Status erlangen. Mit Wissenschaftlichkeit verbindet sich ja ein Anspruch auf Allgemeingültigkeit, der, so Kants These, einen apriorischen Ursprung in unserem Verstand haben muß.

Es fragt sich indessen, ob diese Lösung so glücklich ist. Es wird nämlich nie erklärt, wann, wie oder unter welchen Bedingungen ein reiner Verstandesbegriff ein Wahrnehmungs- in ein Erfahrungsurteil zu verwandeln vermag. Warum wird etwa eine bestimmte Kategorie statt einer anderen angewendet? Daß ein apriorischer Ursprung des einschlägigen Verstandesbegriffes (aber worin eigentlich einschlägig?) Wissenschaftlichkeit verbürgt, wird nur versichert. Ferner wird Kant damit bestenfalls die Möglichkeit von synthetischen Urteilen *a posteriori* »erklären«, sehr gegen das ursprüngliche Versprechen seiner *Kritik*, allein die Möglichkeit von synthetischen Urteilen *a priori* (und hier solchen der Physik als reiner Wissenschaft, sofern sie solche Urteile zur Grundlage hat) zu erforschen. Es ist nicht ersichtlich, inwiefern Erfahrungsurteile Anspruch auf Universalität und Notwendigkeit (und somit – kontradiktorisch genug – auf Apriorizität) erheben dürfen. Seit wann dürfen Erfahrungsurteile die Merkmale des Apriorischen für sich in Anspruch nehmen? Die Einleitung zur *Kritik* hatte doch mit aller Deutlichkeit statuiert, daß aposteriorische Urteile niemals strikte Universalität beanspruchen dürften.

Vermutlich wird Kant gehofft haben, damit die Tragweite seiner erkenntnistheoretischen Revolution, die die Möglichkeit der reinen Physik auf der apriorischen Synthesis des Verstandes in seiner Durchdringung der reinen Anschauung gründet, auf die experimentelle Physik und ihre aposteriorischen Gesetze auszuweiten. Jedenfalls hat die transzendentale Analytik auf beiden Wegen die Gültigkeit der apriorischen Verstandesbegriffe auf das Feld der möglichen Erfahrung beschränkt: 1) Die reine Physik hat keine weitere Funktion als die, die Bedingungen der Möglichkeit der Erfahrung, d. h. der der Natur zugrunde liegenden Prinzipien zu benennen. 2) Die Gültigkeit der reinen Verstandesbegriffe, hält man an der problematisch eingeführten Unterscheidung der Wahrnehmungs- und Erfahrungsurteile fest, wird sich auch auf die »Möglichkeit der Erfahrung« beschränken. Denn Begriffe sind nur dazu da, um Ordnung in eine anschauungsmäßige Mannigfaltigkeit zu bringen. Wo keine Anschauungsvielfalt besteht, zielen die Begriffe des Verstandes ins Leere: »Also sind die Kategorien, ohne [zeitliche] Schemate, nur Funktionen des Verstandes zu Begriffen, stellen aber keinen Gegenstand vor. Diese Bedeutung kommt ihnen von der Sinnlichkeit, die den Verstand realisiert, indem sie ihn zugleich restringiert.« (KrV, A 147/B 187) Das einzige, was der Verstand a priori erkennen kann, ist die Möglichkeit der Erfahrung, wie er sie, ja, weil er sie selber konstituiert. So schließt die transzendentale Deduktion mit dem Ergebnis: »Folglich ist uns keine Erkenntnis a priori möglich, als lediglich von Gegenständen möglicher Erfahrung.« (KrV, B 166)

Damit bestätigt die Analytik die Lehren der Ästhetik: Jeder Erkenntnisanspruch bedarf der Legitimation durch eine Anschauung oder eine mögliche Erfahrung. Wie steht es alsdann mit der Möglichkeit einer Metaphysik, deren ureigenstes Bemühen dahingeht, die erstickende Luft der Erfahrung, aus der Erkenntnis jedoch atmet, zu überschreiten? Es sind die theoretischen Fehlgriffe dieses metaphysischen Strebens, die Kants *Kritik der reinen Vernunft* in ihrem vorletzten Hauptteil untersuchen wird.

7. Die Dialektik der syllogistischen Vernunft

Gemäß der Kantischen Hierarchie der Erkenntnisvermögen hatte die Analytik nur den reinen Verstand zum Gegenstand, dessen Tätigkeit darin aufgeht, Urteile aufgrund der von der Anschauung übermittelten Materie zu bilden. Mit Hilfe seiner Kategorien, die ja ursprünglich Urteilsformen waren, verbindet oder »synthetisiert« der Verstand Anschauungen, um Erkenntnisurteile nach dem Raster »S ist P« hervorzubringen. Mit der Dialektik widmet sich nun Kants Untersuchung dem obersten Erkenntnisvermögen, der reinen theoretischen Vernunft, auf die die spekulative Metaphysik ihre Wissensambitionen stützen wollte. Während die Ausgangsoperation des Verstandes in der Bildung von Urteilen bestand, zeichnet sich die Vernunft durch die Konstruktion von »Syllogismen« aus. Im Unterschied zum Verstand hat es die Vernunft nicht mit intuitiven Gegebenheiten, sondern mit Urteilen zu tun. Ihre Absicht ist es, höhere Prinzipien für die vom Verstand hervorgebrachten Urteile zu finden. Während dieser die Erscheinungen in Regeln faßt, sucht die Vernunft diese Verstandesregeln wiederum auf Einheitsprinzipien zurückzuführen (KrV, A 302/B 359).

Ebenso wie er sich auf den logischen Akt des Urteils verlassen hatte, um die apriorische Tätigkeit des Verstandes zu rekonstruieren, wird Kant von der Form des Syllogismus ausgehen, um das eigenste Bestreben der reinen Vernunft herauszuarbeiten. Für die Logik gilt der Syllogismus als eine

Schlußfolgerung, die aus gegebenen Prämissen einen Schluß ableitet. Das Standardbeispiel sei in Erinnerung gerufen: Alle Menschen sind sterblich (Obersatz); Caius ist ein Mensch (Untersatz); also ist Caius sterblich (Schlußsatz). Der Schluß beruht also auf einer allgemeiner angesetzten Proposition, dem Obersatz, der als die oberste »Bedingung« des Syllogismus angesehen werden kann, denn der Schluß gilt unter der Bedingung, die der Obersatz statuiert. Selbstverständlich kann die Vernunft auch regressiv nach den Bedingungen des Obersatzes selber fragen. Wenn Prämissen einen Schluß begründen sollen, dann ist es durchaus zulässig, ja, von der Vernunft geboten, nach den Bedingungen dieser Prämissen und wiederum nach den Bedingungen dieser Bedingungen, und so fort ad infinitum, zu suchen. Damit begibt sich die Vernunft in das Vorfeld des Syllogismus, in das, was die Logik »Prosyllogismus« nennt. Vermöge ihres rein logischen Gebrauchs ist also die Vernunft von sich aus zu einer Bedingung, die selber nicht bedingt ist, somit zu einem Unbedingten oder einem absoluten Prinzip getrieben. Kants Vorgehen ist etwas schulmäßig, aber durchaus einleuchtend: »Die Vernunft [sucht] in ihrem logischen Gebrauche die allgemeine Bedingung ihres Urteils (des Schlußsatzes), und der Vernunftschluß ist selbst nichts anderes als ein Urteil, vermittelst der Subsumtion seiner Bedingung unter eine allgemeine Regel (Obersatz). Da nun diese Regel wiederum eben demselben Versuche der Vernunft ausgesetzt ist, und dadurch die Bedingung der Bedingung (vermittelst eines Prosyllogismus) gesucht werden muß, so lange es angeht, so sieht man wohl, der eigentümliche Grundsatz der Vernunft überhaupt (im logischen Gebrauche) sei: zu dem bedingten Erkenntnisse des Verstandes das Unbedingte zu finden, womit die Einheit desselben vollendet wird.« (KrV, A 307/B 364)

Rein logisch betrachtet befindet sich die Vernunft auf der Suche nach unbedingten Prinzipien, die insofern umfassend sind, als sie auch die Totalität einer Bedingungskette in sich schließen sollen. So läßt sich die Vernunft als das »Vermögen der Prinzipien« definieren. Kraft ihrer eigenen Logik zielt die Vernunft auf das Absolute. Damit wird in der Tat ein stichhaltiger Vernunftbegriff gewonnen. In der gegenwärtigen Philosophie ist oft in rhetorischer Stilisierung von Rationalität und Vernunft die Rede, aber was darunter zu verstehen ist, wird selten stringent abgeleitet. Ein vernünftiges Prinzip oder eine vernünftige Legitimation hat es stets mit einem Unbedingtheitsanspruch zu tun, der unantastbar ist – dies ist wohl die ursprüngliche Motivation der Reflexion über Rationalität in der Ethik. Mit Kant erkennt man das Motiv dieses Unbedingtheitsstrebens, das aus dem logischen Gebrauch der Vernunft entwickelt wird. Selten wurde jedenfalls ein Vernunftbegriff auf so strenge Weise deduziert.

Der Wunsch nach dem Absoluten ist nicht nur eine Sehnsucht, die gewissen Metaphysikern oder Dichtern eigen ist, sie wurzelt in der reinen Vernunft. Ob sie es wahrhaben will oder nicht, ist die Vernunft damit zur Metaphysik verurteilt.

Im Zuge einer komplexeren Analyse wird auch Kant zeigen, daß die Vernunft ganz bestimmte Formen dieses Unbedingten sucht, die den drei »Ideen« oder reinen Begriffen der Vernunft entsprechen. Die Kategorientafel wird dafür in Anschlag gebracht, geht es doch hier um den reinen Vernunftgebrauch, der folglich nur die reinen Begriffe des Verstandes »vor sich« haben kann. Kant stellt dabei fest, daß das regressive Vorgehen der Vernunft sie dazu führt, ein Unbedingtes in bezug auf eine bedingte Reihe zu suchen. Die Formen des Unbedingten und damit die drei ursprünglichsten Ideen der reinen Vernunft werden also aus den drei Kategorien der Relation (Substanz, Kausalität, Gemeinschaft) herauszudestillieren sein:

1. Ein Prinzip ist zunächst als unbedingtes Substrat gefordert, womit die Idee der Seele gewonnen wäre.

2. Alsdann gilt es, ein allgemeines Prinzip für das Kausalgeschehen der Ereignisse zu finden. Diese Totalität macht den metaphysischen Weltbegriff aus, wobei sich Kant bemühen wird, die Möglichkeit einer Kausalität aus Freiheit zu retten. Die zweite Vernunftidee ist also die der Welt, aber später wird Kant des öfteren die Freiheit an ihre Stelle setzen.

3. Schließlich ist ein Prinzip für die Gemeinschaft aller Wesen ihrer Möglichkeit nach zu suchen. Damit ist selbstverständlich die Idee Gottes anvisiert, die Kant in Anlehnung an Leibniz als oberste, die Wesensmöglichkeiten aller Dinge in sich fassende Vernunft denkt.

Die Architektonik der Dialektik wird sich auf diesem dreifachen System der transzendentalen Ideen – Seele, Welt und Gott – errichten. Es handelt sich zugegebenermaßen um Ideen, die sich in keiner Erfahrung werden antreffen lassen. Nur durch Syllogismen oder Vernunftschlüsse (zwei Synonyma in Kants Sprachgebrauch) vermögen wir, uns einen Zugang zu den von ihnen indizierten Gegenständen zu verschaffen. Wenn Kant bei all dem so viel Wert auf den Syllogismus legt, liegt es nicht an einer besonderen, ihm gelegentlich nachgesagten Vorliebe für die Syllogistik. Er will vielmehr die Metaphysik auf ihrem eigenen Terrain verfolgen. Da metaphysische Erkenntnisse keine empirische Beglaubigung erfahren können, hängt ihre Glaubwürdigkeit allein von der Schlüssigkeit reiner Syllogismen ab. Der Syllogismus fungiert als Hilfsmittel, das die Vernunft befähigen soll, in eine übersinnliche Domäne vorzustoßen – eine Hoffnung, der die platonische Auffassung der Vernunft als eines göttlichen Organs in uns Vorschub leistete. Kant ahmt also die ureigenste Logik der Metaphysik oder der dialektischen Vernunft nach, wenn er sich auf so hartnäckige und wohl ironische Weise auf das Feld des reinen Syllogismus begibt. Seine kritische Untersuchung hat ja vor, an die Wurzel der Metaphysik zu gehen und den spekulativen Syllogismus als solchen zu problematisieren.

Die Originalität des Kantischen Unternehmens besteht nicht zuletzt darin, das metaphysische Streben in der rein logischen Verfahrensweise der reinen Vernunft zu verankern. Seele, Welt, Freiheit und Gott sind nicht etwa ätherische Themen, die in besonderen Philosophiebüchern, Religionen oder Weltanschauungen vorkommen, sondern wesentliche Anstrengungen der menschlichen Vernunft selbst. Die Prüfung der Möglichkeit (oder Schlüssigkeit) von Metaphysik wird also nicht eine Auseinandersetzung mit den im Laufe von Jahrhunderten vorgelegten Systemen der Metaphysik, sondern eine Auseinanderlegung der reinen Vernunft selbst sein, um den Ursprung und die Tragweite ihrer reinen Begriffe nachzuweisen. Es läßt sich aber nicht verheimlichen, daß die Trias der transzendentalen Ideen eine genaue Entsprechung in der Einteilung der *metaphysica specialis* (Psychologie, Kosmologie, Theologie) der damals gängigen Schulmetaphysiken hatte. Diese Einteilung, behauptet nun Kant, verdankt sich nicht der Laune der Metaphysiker. Die Vernunft ist demnach von Hause aus eine hervorragende Metaphysikprofessorin.[29]

Durch all ihre Verästelungen hindurch wird Kants *Kritik* der dialektisch-syllogistischen Vernunft eine einzige, einfache Frage stellen: Vermag es diese sehr reelle metaphysische Anstrengung der Vernunft, zu stichhaltigen Erkenntnissen zu kommen? Führt die mit der Vernunft gegebene Suche nach dem Unbedingten auch zu einer metaphysischen Wissenschaft des Unbedingten? Erst in dieser Dialektik also kommt Kant auf die Eingangsfrage seines Werkes zurück: Ist Metaphysik als strenge Wissenschaft möglich? Im Wesentlichen wird die Antwort der Dialektik negativ ausfallen, was ihre Bezeichnung als Logik des Scheines bereits vermuten ließ. Kant bemängelt aber nicht die metaphysische Vernunft als solche, sondern lediglich ihr eigenes Selbstmißverständnis.

Die Vernunft erliegt einem natürlichen Schein, vor dem die Dialektik sie bewahren möchte. Der Irrtum oder das Mißverständnis besteht darin, daß die Suche nach dem Unbedingten unversehens in eine unbedingte Gegenständlichkeit verwandelt wird. Aus dem Streben nach dem Unbedingten erwächst ein Unbedingtes, das sich per Syllogismus erkennen ließe. An der Spannung auf das Unbedingte hin hat Kant im Grunde nichts auszusetzen. Sie ist vollkommen legitim, wenn sie etwa in der Forderung gipfelt, für das Unbedingte eine möglichst ausschöpfende Untersuchung seiner Bedingungen zu verlangen. Was die Vernunft in ihrem theoretischen Gebrauch zu Recht vorschreibt, ist in der Welterklärung der unablässige Rückgang von einer Bedingung auf die andere, um unserem Wissen eine immer striktere systematische Einheit zu verschaffen. Diese Sorge um das Ganze und das Prinzipielle macht die wahre Würde der Vernunft aus. Aber die Anstrengung nach einer möglichst umfassenden Allheit der Bedingungen, die als Telos die Forschung anspornen soll, bedeutet nicht, daß diese Allheit einen metaphysischen und an sich erkennbaren Gegenstand abgäbe. Was die Idee bezeichnet, ist wohlverstanden eine Forderung, eine Aufgabe, ein regulatives Telos, nicht ein konstitutives Weltprinzip, bei dem die Erklärungssuche aufhören könnte. Das Mißverständnis der dogmatischen Metaphysik besteht also darin, ein bloß subjektives Prinzip unserer Denkweise zu vergegenständlichen. Eine intellektuelle Bewegung unseres Geistes, die Suche nach immer umfassenderen Bedingungen, läßt sich nicht in ein subsistierendes Ansichsein hypostasieren. Es ist ein transzendentaler Schein, die subjektiven Prinzipien unserer Vernunft mit objektiven Gegebenheiten zu verwechseln. Aber darin besteht, stellt Kant fest, die natürliche und unermüdliche Sophistik unserer reinen Vernunft, wenn sie sich ihren metaphysischen Träumereien hingibt. Es wird also das vorwiegend destruktive Bestreben der Dialektik sein, die mannigfachen Formen dieser Illusion in den drei Erscheinungsformen der metaphysischen Vernunft, der Psychologie, der Kosmologie und der Theologie, kenntlich zu machen.

Als solche ist die Suche nach einem letzten Substrat des Denkens nicht sinnlos. Es gibt durchaus ein denkendes Subjekt, ein »ich denke« oder *cogito*, das alle meine Vorstellungen begleiten können muß. Alle denkenden Tätigkeiten lassen sich tatsächlich auf die Einheit eines Selbstbewußtseins, die Kant Apperzeption nennt, zurückführen. Aber von diesem »ich denke« kann es keine Wissenschaft geben, da es sich in keiner Anschauung gegenständlich machen läßt, die bei uns immer nur sinnlich sein kann. In Ermangelung einer intellektuellen Anschauung entzieht sich das »ich denke«, das Fundament der rationalen Psychologie, jeglichem kognitiven Zugriff. Es gibt sehr wohl in uns eine Erkenntnistätigkeit, der wir gerade und zu Recht das »ich denke« zugrundelegen, aber dies ist keine materiale Bestimmung eines anderswie zugänglichen Objektes. Das dabei in Anschlag gebrachte »ich denke« ist stets als bestimmendes Subjekt (das in der bestimmenden Synthesis der Anschauungen aufgeht) tätig, ist aber selber kein bestimmtes Wissensobjekt. Im »ich denke«, ironisiert Kant, bestehe also »der alleinige Text der rationalen Psychologie« (KrV, A 343/B 401).

Das Grundübel besteht in der Verwechslung (daher der Ausdruck »Paralogismus« oder Trugschluß, mit dem Kant den folgenschweren Fehlgriff bezeichnet) des bestimmenden, aber unerkennbaren, weil unanschaulichen Erkenntnissubjektes mit einer »Seelensubstanz«, die sich ob ihrer Intellektualität durch die Prädikate der Permanenz, Einheit und Simplizität auszeichnen würde und aufgrund derer die Unsterblichkeit unserer Seele herzuleiten wäre. Nun, macht Kant geltend, können derartige Prädikate allein auf Gegenstände möglicher Erfahrung Anwendung finden. Das trifft für die Seele, die hier stillschweigend an die Stelle des »ich denke« tritt, nicht zu. Woher wissen wir etwa, daß das »ich denke« etwas Substantielles, Permanentes oder Einfaches indiziert? Die Vorstellung der denkenden Subjektivität, die wir sind, bleibt vollkommen leer, da wir von ihr keine direkte Anschauung haben. Die denkende Aktivität unserer Vernunft ist somit nichts als das an sich unerkennbare Vehikel der in uns vorhandenen Vorstellungen, sie kann nicht selber gegenständlich vorgestellt werden: »Zum Grunde derselben können wir aber nichts anderes legen, als die einfache und für sich selbst an Inhalt gänzlich leere Vorstellung: *Ich*; von der man nicht einmal sagen kann, daß sie ein Begriff sei, sondern ein bloßes Bewußtsein, das alle Begriffe begleitet.« (KrV, A 345 f./B 403 f.)

Vielleicht ist es bereits zuviel, von einem »Ich« oder einem Ego zu sprechen, wenn man der hintergründigen Arbeit des Denkens auf die Spur kommen will. So fährt Kant in einer unerhörten Weise, die fast an Freuds Psychoanalyse gemahnt, fort: »Durch dieses Ich, oder Er, oder Es (das Ding), welches denkt, wird nun nichts weiter, als ein transzendentales Subjekt der Gedanken vorgestellt = x, welches nur durch die Gedanken, die seine Prädikate sind, erkannt wird, und wovon wir, abgesondert, niemals den mindesten Begriff haben können.« (KrV, A 346/B 404)

Kants Destruktion der rationalen Psychologie bricht damit mit dem cartesianischen Dogma eines direkten Zuganges des *cogito* zu sich selbst. Wenn man an allem, was sich in der »äußeren« Welt abspielt, zweifeln kann, verfügt man nach Descartes wenigstens über die Evidenz seiner eigenen Gedanken, so daß die immanente Evidenz des *cogito* für sich selbst den Eckstein einer methodisch verfahrenden Wissenschaft abzugeben imstande ist. Kant problematisiert mit seiner Destruktion der Paralogismen der rationalen Psychologie von Grund auf diese Selbstgegenwart des Ego. Da sie über keine intellektuelle Anschauung ihrer selbst verfügt, untersteht auch die denkende Subjektivität oder Apperzeption – d. h. das, was »in uns« das Mannigfaltige der Verbindungen nach dem Schematismus der Kategorien synthetisiert – dem generellen Phänomenalismus des Kantischen Erkenntnisansatzes, so daß wir »unser eigenes Subjekt nur als Erscheinung, nicht aber nach dem, was es an sich selbst ist, erkennen« (B 156). Die Kantische Subjektivität mag eine apriorische Naturkonstitution aus sich selbst hervorbringen, auf diese Weise lassen sich jedenfalls synthetische Urteile a priori rechtfertigen, sie kann sich aber nicht selbst erkennen. Ihrer gegenstandsbezogenen synthetischen Arbeit zugewandt, muß sie für sich selbst eine offene Frage bleiben. Die Selbsttransparenz des cartesischen *cogito* ist hiermit gebrochen.[30] Damit zeichnet sich auch das Ende der theoretischen Selbstintrospektion in der Philosophie ab. Seit Kant hat die Psychologie tatsächlich keine andere Wahl gehabt, als sich als eine empirische Wissenschaft des beobachtbaren Verhaltens zu betrachten und auf die Durchdringung der Seelenrätsel zu verzichten.

Nirgends ist diese innere Zerrissenheit des Subjekts dramatischer geschildert als in der »Antinomie der reinen Vernunft«, dem zweiten Abschnitt der transzendentalen Dialektik, in dem die innere Widersprüchlichkeit der rationalen Kosmologie bloßgelegt wird. Es könnte zunächst verwundern, die Weltidee der Metaphysik zugerechnet zu finden. Gehört nicht die Welt in den Zuständigkeitsbereich der Physik? Was die Physik zum Thema hat, sind eher die anzutreffenden Regelmäßigkeiten der Natur. Sie begegnet aber nie der Welt als der Allheit der Bedingungen der »in« der Welt vorkommenden Erscheinungen. Einen solchen Totalitätsanspruch kann nur eine »Idee« erheben, die ein der reinen Vernunft eigener Begriff ist. Eine rationale Kosmologie als zweiter Teil der spezialen Metaphysik wird also von Fragen handeln müssen, die die Weltordnung insgesamt betreffen. Nur durch Räsonnement, nicht unter Heranziehung der Erfahrung, läßt sich über Fragen debattieren wie etwa die, ob die Welt einen Anfang in der Zeit hat oder nicht, ob sie einen unendlichen Raum umfaßt, ob sie aus letzten atomaren Einheiten besteht oder ins Unendliche teilbar ist, ob die Kausalität nach Naturgesetzen die einzig mögliche ist oder ob eine Kausalität aus Freiheit mit ihr koexistieren kann und ob schließlich ein schlechthin notwendiges Wesen existieren muß.

Das Bemerkenswerte der metaphysischen Kosmologie liegt diesmal nicht an ihrem paralogischen Charakter, sondern an dem demütigenden Umstand, daß die syllogistische Vernunft es fertigzubringen scheint, ihre Thesen mit rein vernünftigen Argumenten sowohl zu beweisen als auch zu widerlegen. Für jeden der vier Widerstreite der reinen Kosmologie kann die Vernunft mit demselben Erfolg sowohl für die Thesis (z.B. »Die Welt hat einen Anfang in der Zeit und ist dem Raum nach auch in Grenzen eingeschlossen«) als auch für ihre Antithesis (»Die Welt hat keinen Anfang und keine Grenzen im Raume, sondern ist sowohl in Ansehung der Zeit, als des Raumes, unendlich«) plädieren. In diesem Streit stellt sich Kant zunächst als unparteiischer Richter dar und läßt die beiden Seiten der syllogistischen und an sich antinomischen Vernunft miteinander streiten. Er schildert den inneren Konflikt der Vernunft mit sich selbst (ihre Antinomie) unerhört plastisch, indem er auf dem rechten Blatt die Thesis und deren stringenten Beweis, auf dem linken die Antithesis samt ihrem eigenen Beweis darlegt. Kants Vorgehen erinnert stark an die Praxis der griechischen Sophisten, die auf Anhieb Argumente für oder gegen die Existenz des Nichts vorbringen konnten. Es ist gerade diese endlose Rhetorik über unentscheidbare Fragen, die die Griechen schließlich »Dialektik« (von *dialeghesthai*, miteinander reden) nannten. Nach Kant zeugt diese Koexistenz von Thesis und Antithesis, die sich beide verteidigen lassen, von der tiefen Antinomie[31] der zwischen ihren metaphysischen Trieben und ihren wissenschaftlichen Ansprüchen zerrissenen Vernunft. Die unaufhörlichen Fehden, die die Philosophen miteinander ausgetragen hätten, wären nichts als die faktische Auflage dieses Risses mitten durch die Vernunft.

Kant schrieb in einem Brief von 1798, daß es gerade dieser Riß gewesen sei, der die Einrichtung eines Tribunals der metaphysischen Vernunft motiviert hatte: »Nicht die Untersuchung vom Dasein Gottes, der Unsterblichkeit etc. ist der Punkt gewesen, von dem ich ausgegangen bin, sondern die Antinomie der r.V.: ›Die Welt hat einen Anfang – sie hat keinen Anfang etc. bis zur vierten: Es ist Freiheit im Menschen, – gegen den: es ist keine Freiheit, sondern alles ist in ihm Naturnotwendigkeit‹; diese war es, welche mich aus dem dogmatischen Schlummer zuerst aufweckte und zur Kritik der Vernunft selbst hintrieb, um das Skandal des scheinbaren Widerspruches der Vernunft mit ihr selbst zu heben.«[32] Grund zum Skandal besteht: Die syllogistische Vernunft, die der Stolz aller Metaphysik war, büßt ihre Glaubwürdigkeit ein, wenn sie a priori nichts als unablässige Widersprüche erzeugt.

Die unmittelbare und offenkundig gewollte Wirkung der Antinomie ist es gewiß, die theoretische, apriorische Erkenntnisse für sich in Anspruch nehmende syllogistische Vernunft in Verruf zu bringen. Es ist jedoch Kants geheime Hoffnung, diesen kenntlich gemachten Skandal aus der Welt zu schaffen. Als Sohn der Aufklärung meint Kant, daß alle Probleme der Vernunft einer Lösung zugeführt werden können. Er hatte in der Vorrede zur ersten Auflage seiner *Kritik* verkündet, »daß nicht eine einzige metaphysische Aufgabe sein müsse, die hier nicht aufgelöst, oder zu deren Auflösung nicht wenigstens der Schlüssel dargereicht worden« (KrV, A XIII). So hält er daran fest, daß auch die Antinomie aus einem Selbstmißverständnis der Vernunft stammt, das zwar natürlich, aber doch auflösbar sein muß.

Wir werden uns hier damit begnügen, den bei weitem wichtigsten Fall der dritten Antinomie kurz zu erläutern, die den Konflikt zwischen der mechanischen Naturkausalität und der Idee einer Freiheitskausalität auf die Spitze treibt. Die erste Idee scheint in der Tat die zweite antithetisch auszuschließen: Wenn jedes Phänomen aus dem ihm vorhergehenden produziert wird, bleibt kein Raum für einen absoluten Anfang, also für die Freiheit. Kant behauptet hierzu, daß der

Widerstreit womöglich ein bloß scheinbarer ist, zieht man in Betracht, daß beide Seiten von verschiedenen und jeweils berechtigten Gesichtspunkten aus urteilen. Die Herrschaft der Naturkausalität kann weiterhin ausnahmslos für die Welt der Phänomene gelten, werden doch alle Erscheinungen der Verstandeskategorie der Kausalität unterworfen. Kraft der Regel, die unser Verstand dem Erscheinungsablauf vorschreibt, gehorcht jedes Geschehen dem Kausalitätsprinzip. Dessen Allgemeingültigkeit bleibt für die Naturforschung unabdingbar. Hier läßt sich in der Tat die Freiheitsidee nirgends unterbringen. Ihre Möglichkeit wird jedoch denkbar, wenn man die Perspektive der unseren Verstand transzendierenden Dinge an sich in Erwägung zieht. Gilt die Kategorie von Ursache und Wirkung für alle Erscheinungen als solche, dann ist es wohl möglich, eine andere Art von »Kausalität« für die Dinge an sich, nämlich eine aus Freiheit zu unterstellen. Diese Freiheit läßt sich gewiß nicht erkennen, aber ihre Möglichkeit läßt sich zumindest einräumen. Eine kosmologische Idee von Freiheit, die Kant schlicht als »das Vermögen, einen Zustand von selbst anzufangen« (KrV, A 533/B 561), definiert, ließe sich auf den Menschen anwenden, sofern er nicht nur der Erscheinungswelt angehört, sondern auch ein Ding an sich ist. Zudem läßt sich diese Freiheit, einen Zustand von sich aus in Bewegung zu setzen, zumindest in negativer Weise durch die Realität der »praktischen Freiheit« attestieren, die ihrerseits in der »Unabhängigkeit der Willkür von der Nötigung durch Antriebe der Sinnlichkeit« (KrV, A 534/B 562) besteht. Die Erfahrung vermag durchaus, und sei es auf dem Wege des schlechten Gewissens, die Wirksamkeit einer solchen Freiheit zu offenbaren: Es steht uns zu, unseren Trieben oder Instinkten im Namen von moralischen Vernunftprinzipien Widerstand zu leisten. Darin besteht die menschliche

Würde im Reich der Schöpfung.[33] Als Ding an sich betrachtet, vermag der Mensch, die der rein mechanischen Kausalität unterworfene natürliche und animalische Ordnung zu übersteigen. In Platons metaphysischer Terminologie gesprochen: Der den Leidenschaften geleistete Widerstand würde bereits von menschlicher Teilnahme an der intelligiblen Welt der Vernunft zeugen. Sowohl in den späteren Abschnitten der *Kritik* als auch in der *Grundlegung zur Metaphysik der Sitten* (1785) wird Kant diese Idee eines *mundus intelligibilis*, an dem uns die Freiheit teilhaben läßt, positiv aufgreifen. Das Reich der Freiheit wird Kants gesamte praktische Philosophie bestimmen.

Bevor Kant zu dieser Metaphysik der Freiheit fortschreitet, wollte er in der Antinomie lediglich ihre Denkbarkeit offenlassen. Auf dem Gebiet der nur theoretischen Vernunft muß aber diese Freiheit problematisch bleiben, denn die natürliche Kausalität ist die einzige, die *Erkenntnisse* zuläßt. Im Rahmen einer Kritik der dialektischen spekulativen Vernunft konnte es deshalb nur darum gehen, die Möglichkeit der Freiheit gewahrt zu wissen und die Argumentation zu entkräften, die in ihr nichts als einen Widerspruch zur universalen Naturkausalität zu erblicken vermag. Beide Kausalitätshinsichten könnten sehr wohl zusammen bestehen, solange sie verschiedenen Registern zugeordnet werden. Es wird Sache der in der Methodenlehre von 1781 eröffneten praktischen Philosophie sein, diese Freiheitsmetaphysik zu entfalten. Bevor wir zu ihr gelangen, bleibt die letzte und stolzeste Burg der rationalen Metaphysik in Angriff zu nehmen, die Theologie.

Kants Ehrfurcht vor der natürlichen Theologie ist in seinem evokativ betitelten Abschnitt über das ihr gewidmete »Ideal der reinen Vernunft« überall zu spüren. In der Dialektik geht es aber lediglich um die Stringenz ihrer theoretischen

Vernunftschlüsse. Das theoretische Bemühen der spekulativen Theologie ging dahin, das Dasein Gottes zu beweisen. Da sich das Göttliche nicht im Bereich der Erfahrung manifestiert, in dem, wie soeben gesehen, eine reine mechanische, von unserem Verstand bewirkte Kausalität herrscht, läßt sich ein solches Dasein nur durch Reflexion erschließen. Kant wird aber zeigen, daß sich die Existenz Gottes durch keinen Vernunftschluß etablieren läßt, er will sozusagen die Unmöglichkeit eines Gottesbeweises beweisen. In der Geschichte der Philosophie ist er darin auch erfolgreich gewesen, denn er hat faktisch allen Bestrebungen, das Dasein Gottes stichhaltig zu beweisen, ein Ende gemacht.

Nach Kant läßt sich das Dasein Gottes deshalb nicht beweisen, weil das »Sein« nichts weiter als die wirkliche »Position« eines Dinges bedeutet. Eine solche Position kann jedoch nur durch eine Anschauung gesichert werden. Der einzige Ausweg, den die theoretische Vernunft benutzen könnte, um das Sein Gottes ohne Rekurs auf die Erfahrung zu beweisen, läge in der Annahme, daß dieses Sein bereits im Gottesbegriff gedacht wäre, so daß ein nicht-daseiender Gott ein Widerspruch wäre. Dies war die Pointe des von Kant »ontologisch« genannten Gottesbeweises, der in Wirklichkeit auf Anselm und Descartes zurückgeht. Kant wird freilich behaupten, daß dieser Beweis seine Quelle in der reinen Vernunft hat, die von Haus aus eine hervorragende Metaphysikerin ist.

Der ontologische Beweis, wie ihn Kant rekonstruiert, setzt Gott als das »Ideal der reinen Vernunft«, daß in sich alle Vollkommenheiten (oder alle möglichen Realitäten) fassen soll. Da nun die Existenz eine solche Vollkommenheit sei, müßte auch diese Existenz in der Gottesidee stecken. Ein Gottesbegriff, der nicht dessen Dasein beinhalten würde, ließe sich also nicht ohne logischen Widerspruch denken. Der Beweis ist unzulänglich, so Kant, weil das Sein eigentlich »kein reales Prädikat« (KrV, A 598/B 626) sei, d.h. eine inhaltliche Bestimmung, die das Wesen eines Dinges positiv beschreiben könnte. Die Allmacht, die Ewigkeit, die Unendlichkeit wären z.B. solch positive Qualifikationen, die das Dasein Gottes inhaltlich umgrenzen könnten. Anders steht es mit dem Sein, weil es dem *Begriff* eines Dinges nichts beifügt. Hinsichtlich des Begriffsgehaltes beinhalten nach Kants berühmtem Beispiel hundert wirkliche Taler nicht mehr als hundert mögliche Taler. Ich bin wohl reicher mit hundert Talern als ohne sie, aber rein logisch gesehen bezeichnen hundert Taler einen begrifflichen Gehalt, der sein kann oder auch nicht. Ebenso steht es mit dem Sein Gottes. Die Existenz kann ihn nicht auf dieselbe Weise wie etwa die Vollkommenheit oder die Unendlichkeit inhaltlich bestimmen. Die Existenz kommt immer zu einem Begriff *hinzu*, sie läßt sich nicht aus ihm ableiten.

Die Existenz läßt sich nicht aus einem Dingbegriff analytisch deduzieren. Ein Existenzsatz ist stets ein synthetischer Satz. Das Urteil »Gott ist allwissend« wäre möglicherweise ein analytischer Satz, der sich also nicht ohne Widerspruch negieren ließe. Der Satz »Gott ist« hingegen ist synthetisch. Da es sich nicht um ein Erfahrungsurteil handeln kann, kann er nur synthetisch a priori sein. Wie läßt er sich dann begründen? Auf diese Frage, schließt Kant, hat die rationale Theologie, so ehrlich ihre Bestrebungen sein mochten, niemals geantwortet, ja, antworten können.

Zusammenfassend läßt sich auch sagen, daß die rationale Metaphysik keine Frage je beantwortet hat, weil es ihr nicht gelungen ist, die Möglichkeit eines synthetischen Satzes a priori theoretisch zu erweisen. Alle Sophismen, die sie erfunden hat, um dieser prinzipiellen Frage aus dem Weg zu gehen, sind von der transzendentalen Dialektik als der »Logik« des Scheines von Grund auf zurückgewiesen worden. Kant darf folgern, daß die bislang auf der syllogistischen oder theoretischen Vernunft begründete Metaphysik, die ein die Erfahrung übertreffendes Wissen anstrebt, versagt, weil sie mehr will, als sie kann. Ergibt sich daraus, daß die Metaphysik schlechterdings unmöglich ist? So lautete vielleicht der naheliegende Schluß, wäre die Dialektik das letzte Wort und der letzte Abschnitt der *Kritik der reinen Vernunft.* Nun kommt aber nach der Dialektik eine Methodenlehre der reinen Vernunft, die die Metaphysik mit einer grundsätzlichen Umorientierung konfrontieren wird.

8. Die methodologische Kehre zur praktischen Vernunft

Kant räumt mehrfach ein, daß das Ergebnis der Dialektik im wesentlichen negativ ausfällt. Die Metaphysik kann sich nicht mehr auf die syllogistischen Kräfte der rein theoretischen Vernunft stützen, da sich diese als unfähig erweist, eine Brücke zwischen ihren Fiktionen und dem wahren Sein oder irgendwelcher Objektivität zu schlagen. Da diese syllogistische Vernunft das nahezu einzige Instrument der herkömmlichen Metaphysik gewesen war, glaubte man, Metaphysik sei nach Kant auf keine Weise möglich. Er hätte sie bestenfalls durch einen generellen Kritizismus gegen alle falschen Anmaßungen der Metaphysik oder durch eine metatheoretische Besinnung über die Bedingungen der Möglichkeit der physikalisch-mathematischen Wissenschaften ersetzt. Dies stellt jedoch die Prioritäten des Kantischen Unternehmens auf den Kopf. Wenn Kant sich metatheoretisch für den Erkenntnisanspruch der Mathematik und der Physik interessiert, geschieht dies nur, um die Möglichkeit der Metaphysik auszuloten. Die ganze Ausrichtung der ersten *Kritik* geht dahin, den Prüfstein einer tragfähigen Metaphysik zu entdekken; würde das Buch lediglich den Konkurs aller Metaphysik erklären, wäre es nutzlos. Diese Meinung kann man indes nur aufrechterhalten, wenn man die Lektüre der *Kritik der reinen Vernunft* nach der Dialektik abschließt.

Faktisch kommt aber nach der Dialektik eine Methodenlehre, die immerhin die zweite Haupteinteilung der *Kritik* nach der Elementarlehre ist. Wenn der Methodologie die Ehre zukommt, die letzte zweite Sektion zu sein, liegt es daran, daß die Idee einer Methodenlehre mit der Problemstellung einer transzendentalen *Kritik* der reinen Vernunft engstens zusammenhängt. Wir entsinnen uns, daß sich die *Kritik* als ein »Traktat von der Methode« definiert hatte, der dazu eingesetzt sei, eine grundlegende Änderung in der bisherigen Methode der Metaphysik in die Wege zu leiten. Ihrem Selbstverständnis nach ist die *Kritik* darauf ausgerichtet, die Metaphysik durch eine Revolution ihrer Verfahrensweise zu verändern, aber auch zu ermöglichen. Ehe eine Metaphysik aufgebaut wird, sollen zuallererst die Grundlagen ihres apriorischen Wissensanspruchs geklärt werden. Diese vorherige Reflexion über die Fundamente der Wissenschaft gehört in das Umfeld dessen, was die Tradition Methode nennt. Man denkt dabei sofort an Descartes' *Von der Methode*. Die Methoden*lehre* Kants wird also die Theorie von der Methode sein, unter die es die reine Vernunft zu stellen gilt, soll sie es je zu einer gut fundierten apriorischen und metaphysischen Erkenntnis bringen. Sie wird somit die Prolegomena des rechtmäßigen metaphysischen Gebrauchs der reinen Vernunft aufzuweisen haben.

Unter der »transzendentalen Methodenlehre« wird man also, gemäß Kants expliziter Definition, »die Bestimmung der formalen *Bedingungen* eines vollständigen Systems der reinen Vernunft« (KrV, A 707/B 735) verstehen, das noch unter dem Titel einer Metaphysik zu entwickeln ist. Die Bedingungen des legitimen Gebrauchs der reinen Vernunft sollen im Hinblick auf ein noch kommendes System der Metaphysik eruiert werden. Nach der Klärung ihrer Aufgabenstellung, die sich aus der Elementarlehre von selbst ergibt, gibt Kant den Plan seiner Methodologie an: »Wir werden es in dieser

Absicht mit einer Disziplin, einem Kanon, einer Architektonik, endlich einer Geschichte der reinen Vernunft zu tun haben [...].« (KrV, A 708/B 736) Wer soeben die Windungen der Dialektik durchlaufen hat, sieht ohne weiteres ein, warum die Methodenlehre ausgerechnet mit einer »Disziplin« anheben muß. Da die metaphysische Vernunft von sich aus einem transzendentalen Schein verfällt, braucht die um ihre eigene Methode besorgte Vernunft zunächst eine Disziplin, d.h. eine negative Unterweisung, die »bloß dazu dient, um uns vor Irrtümer zu verwahren [...]« (KrV, A 709/B 737). Insofern verdoppelt die Disziplin der reinen Vernunft die therapeutische und in diesem negativen Sinne kritische Anstrengung der Dialektik. Es obliegt jedenfalls nicht dieser Disziplin, in der Kant gleichwohl seine ausdrückliche Abgrenzung zu Hume betreibt[34], die Frage nach der Möglichkeit der Metaphysik einer Lösung entgegenzuführen.

Erst im zweiten Hauptstück der Methodenlehre, dem »Kanon der reinen Vernunft«, wird das neue Fundament der Metaphysik freigelegt. Die Idee eines »Kanons« der reinen Vernunft war übrigens in der Einleitung des Werkes bereits evoziert worden – und zwar an der entscheidenden Schaltstelle, an der das Projekt der *Kritik der reinen Vernunft* sich selbst definiert. Der einschlägige Passus sei hier nochmals zitiert: »Eine solche Kritik ist demnach eine Vorbereitung, wo möglich [...] wenigstens zu einem Kanon [aller Erkenntnisse a priori], nach welchem allenfalls dereinst das vollständige System der Philosophie [...] dargestellt werden könnte.« (KrV, B 26) Wo fände sich wohl dieser Kanon des Vernunftgebrauchs der reinen Vernunft, erklärtestes Ziel der ersten *Kritik*, wenn nicht in ihrem »Kanon der reinen Vernunft«?

Kant gibt eine allgemeine, aber klare Definition dessen, was von einem Kanon zu erwarten ist: »Ich verstehe unter einem Kanon den Inbegriff der Grundsätze a priori des richtigen Gebrauchs gewisser Erkenntnisvermögen überhaupt.« (KrV, A 796/B 824) Sind diese Erkenntnisvermögen der Vernunft zugehörig, so wird ihr Kanon notwendigerweise den Inbegriff der Grundsätze a priori der reinen Vernunft anbieten. Diese Definition verknüpft wiederum aufs innigste den Kanon der Vernunft mit dem strengen Programm einer Kritik der reinen Vernunft. Die Grundsätze a priori des richtigen Gebrauchs reiner Vernunft zu bestimmen, ist ja das offenkundigste Ziel des kritischen Unterfangens.

Hatte aber nicht die transzendentale Dialektik dargelegt, daß es vergebens sei, verbindliche metaphysische Erkenntnisse von der reinen Vernunft zu erwarten? Dieses dialektische Scheitern, sagt *jetzt* Kant, betrifft nur die rein spekulative oder theoretische Vernunft, diejenige, die sich lediglich auf die Schlüsse der reinen Vernunft zu stützen hofft. Dieses Scheitern bleibt unwiderruflich, und Kant weist ausdrücklich darauf hin, daß es von dieser reinen Vernunft keinen Kanon, sondern nur eine negative Disziplin geben könne: »Nun ist alle synthetische Erkenntnis der reinen Vernunft in ihrem spekulativen Gebrauche, nach allen bisher geführten Beweisen, gänzlich unmöglich. Also gibt es gar keinen Kanon des spekulativen Gebrauchs derselben (denn dieses ist durch und durch dialektisch), sondern alle transzendentale Logik ist in dieser Absicht nichts als Disziplin.« (KrV, A 796/B 825)

Wenn es einen Kanon der reinen Vernunft geben soll, wird er nur für die *praktische* Bestimmung der reinen Vernunft in Betracht kommen, die Kant hier als vollkommen neuen Ausgang präsentiert und nun befragen möchte: »Folglich, wenn es überall einen richtigen Gebrauch der reinen Vernunft gibt, in welchem Fall es auch einen Kanon derselben geben muß, so wird dieser nicht den spekulativen, sondern den praktischen Vernunftgebrauch betreffen, den wir also jetzt untersuchen wollen.« (KrV, A 797/B 825) Kant hebt auf erhellende Weise hervor, daß es einen Kanon geben *muß*, soll es überhaupt einen richtigen Gebrauch reiner Vernunft geben. Die Determination des legitimen Gebrauchs der reinen Vernunft hat somit in einem Kanon derselben zu erfolgen.

Kant unterstreicht die Dringlichkeit seines neuen Ansatzes im Titel des unmittelbar folgenden Abschnittes: »Von dem letzten Zwecke des reinen Gebrauchs unserer Vernunft.« Wir berühren damit auch den letzten Zweck, am Endpunkt der *Kritik der reinen Vernunft*, die die Möglichkeit der Metaphysik vom praktischen Interesse unserer Vernunft abhängig machen wird. Der Kanon setzt zunächst bei den drei Ideen der reinen Vernunft an, wie sie sich ihrer Urmotivation nach aus der transzendentalen Dialektik ergeben haben: »[...] die Freiheit des Willens, die Unsterblichkeit der Seele, und das Dasein Gottes.« (KrV, A 798/B 826) Es handelt sich um drei Gegenstände, die unsere Vernunft interessieren, aber das Interesse, das sie ihnen entgegenbringt, ist nicht theoretischer, sondern praktischer Art, wie Kant ausführt. Was er damit sagen will, ist, daß man von diesen Gegenständen, ließen sich theoretische Erkenntnisse über sie gewinnen, keinen Gebrauch machen könne, »der in concreto, d.i. in der Naturforschung, seinen Nutzen bewiese« (KrV, A 798/B 826). Das »praktische« Interesse hingegen will nur erfahren, »was zu tun sei, wenn der Wille frei, wenn ein Gott und eine künftige Welt ist« (KrV, A 800/B 828). Im Kanon der ersten *Kritik* ist Kant der Auffassung, daß die Freiheit »durch Erfahrung bewiesen werden« kann.[35] Aus diesem Grunde beschränkt sich das Anliegen des Kanons auf zwei privilegierte Objekte: »Also haben wir es in einem Kanon der reinen Vernunft nur mit zwei Fragen zu tun, die das praktische Interesse der reinen Vernunft angehen, und in Ansehung deren ein Kanon ihres Gebrauchs möglich sein muß, nämlich: ist ein Gott? ist ein künftiges Leben?« (KrV, A 803/B 831) Das praktische, gar existentielle Interesse des Kanons ist damit klar umrissen.

Dieses deckt sich auch mit Kants prinzipieller Sorge in seiner Frage hinsichtlich der Möglichkeit der Metaphysik. Die Metaphysik, deren Glaubwürdigkeit Kant sondieren will, zielt nicht primär auf die Aufstellung eines schulmäßigen Systems, das in apriorischen Definitionen aller Begriffe im Stile einer *caracteristica universalis* aufgehen würde. Kants Metaphysik ist von vornherein motiviert: Sie will auf die eigentliche metaphysische Unruhe des Menschen Antworten ermitteln, die die *metaphysica naturalis* ausmachen, die es immer gegeben hat und die es als Anlage immer geben wird. Ihre Hauptfragen sind die nach dem Dasein Gottes und der Unsterblichkeit der Seele. Nicht irgendwelche Epistemologie der exakten Wissenschaften, sondern diese *metaphysica naturalis* ist es, der Kant zum Status einer Wissenschaft verhelfen will. Kann es nun eine halbwegs wissenschaftliche Erkenntnis geben, die den metaphysischen Sorgen des Menschen, der »durch das Zeitliche nie zufrieden gestellt werden« (KrV, B XXXIII) kann, gerecht wird? Dieser auch von der Dialektik bestätigte Impuls nach dem Überzeitlichen schlägt sich in der doppelten Frage des Kanons nieder: ist ein Gott? ist ein künftiges Leben?

Obgleich diese Fragen das praktische Vermögen der Vernunft am unmittelbarsten angehen, darf indes das *theoretische* Anliegen der Untersuchung der praktischen Vernunft im Rahmen der ersten *Kritik* nicht in Vergessenheit geraten. Es geht immer noch um den Prüfstein einer *Metaphysik* im Kanon. Dieser Prüfstein wird sich nicht in der theoretischen, wohl aber in der praktischen Vernunft finden lassen: »Indessen muß es doch irgendwo einen *Quell von positiven Erkenntnissen* geben, welche ins Gebiet der reinen Vernunft gehören, und die vielleicht nur durch Mißverstand zu Irrtümern Anlaß geben, in der Tat aber das Ziel der Beeiferung der Vernunft ausmachen.«[36] Selbst wenn lediglich der *praktische* Gebrauch der reinen Vernunft zur Untersuchung ansteht, wird man nichtsdestoweniger in ihm den »Quell von positiven Erkenntnissen« vermuten dürfen. Den Zugang zu dieser Quelle wird die *Kritik der reinen Vernunft* eröffnen, um auf ihrer Vorlage das Gebäude der Metaphysik errichten zu können. Der Weg, der zu einer wirklichen metaphysischen Erkenntnis führt, die synthetisch und a priori ist, verdankt sich der Betonung der Prinzipien der reinen praktischen Vernunft. Dies ist der Sinn der methodologischen Änderung, die Kant in das bisherige Verfahren der Metaphysik einführt.

Die transzendentale Dialektik hatte keine schlüssige Antwort auf die Grundfragen über die Unsterblichkeit und das Dasein Gottes ermitteln können. Was uns die rein theoretische Vernunft versagt, soll auf dem Wege der praktischen Vernunft gesucht werden: »Nun bleibt uns *noch ein Versuch übrig*: ob nämlich auch reine Vernunft im praktischen Gebrauch anzutreffen sei, ob sie in demselben zu den Ideen führe, welche die höchsten Zwecke, die wir eben angeführt haben [das Dasein Gottes, die Unsterblichkeit der Seele], erreichen, und diese also aus dem Gesichtspunkte ihres praktischen Interesses nicht dasjenige gewähren könne, was sie uns in Ansehung des spekulativen ganz und gar abschlägt.«[37]

An dieser Stelle, wo das *Interesse* der Vernunft angeschnitten wird, werden die drei berühmten Fragen aufgeführt, in denen sich alles Interesse der Vernunft, das spekulative wie das praktische, vereinigt:

1. Was kann ich wissen?
2. Was soll ich tun?
3. Was darf ich hoffen?

Die erste Frage, konstatiert Kant, sei »bloß spekulativ«. Kant schmeichelt sich, mit seiner *Kritik der reinen Vernunft* alle möglichen Antworten durchgegangen zu sein, fügt jedoch sogleich hinzu: Wir »sind aber von den zwei großen Zwecken, worauf diese ganze Bestrebung der reinen Vernunft eigentlich gerichtet war, ebenso weit entfernt geblieben, als ob wir uns aus Gemächlichkeit dieser Arbeit gleich anfangs verweigert hätten« (KrV, A 805/B 833). Diese »zwei großen Zwecke« sind freilich durch die Doppelfrage angezeigt: ist ein Gott? ist ein künftiges Leben? Bisher hat uns in der Tat die Kritik oder die Elementarlehre in dieser Hinsicht nicht weitergebracht.

Kant erledigt alsdann die zweite das Interesse der Vernunft berührende Frage etwas schroff, und zwar mit demselben Ausdruck, der das Gewicht der ersten Frage relativiert hatte. Die zweite Frage sei »bloß praktisch«. Man könnte die Erwartung hegen, daß sie gerade im Zusammenhang der Untersuchung der praktischen Vernunft besondere Beachtung verdiente. Dem ist auf den ersten Blick nicht so. Als »bloß praktische« Frage, erklärt er, sei die Frage ›Was soll ich tun?‹ »nicht transzendental, sondern moralisch, mithin kann sie unsere Kritik an sich selbst nicht beschäftigen« (KrV, A 805/B 833). Die zweite Grundfrage wird somit aus der Diskussion über den »Bestimmungsgrund des letzten Zwecks der reinen Vernunft« vorläufig ausgeschlossen.

Die ganze Aufmerksamkeit Kants im Kanon widmet sich tatsächlich der dritten Grundfrage: »Wenn ich nun tue, was ich soll, was darf ich alsdann hoffen?« Sie genieße den Vorzug, praktisch und theoretisch zugleich zu sein – praktisch, denn das Hoffen wohne allem unserem Tun inne, und theoretisch insofern, als der von der Hoffnung erzielte Gegenstand einer gewissen »Erkenntnis« untersteht, die es jetzt abzugrenzen gelte. Was Kant hier offenkundig leitet, ist der Umstand, daß das Praktische das Theoretische gewissermaßen ablöst, und zwar »so, daß das Praktische nur als ein Leitfaden zur Beantwortung der theoretischen [...] Frage führt« (KrV, A 805/B 833). Es unterliegt keinem Zweifel: Kant erwartet eine Antwort auf die theoretische Frage vermittels der praktischen Leistung der reinen Vernunft. In dieser Ablösung findet sich der Keim der Kantischen Lösung der Frage nach der Möglichkeit der Metaphysik. Es ist an sich bedeutungsvoll, daß der Kanon von nun an sich nur noch mit der dritten Frage, der der Hoffnung, beschäftigen wird. In ihr verbirgt sich der Schlüssel zu Kants ursprünglichem Problem.

Worauf zielt nun die Hoffnung? Kant antwortet mit den einfachsten Worten: »Alles Hoffen geht auf Glückseligkeit.« (KrV, A 805/B 833) Pessimistischer- oder realistischerweise glaubt er jedoch, daß sich unser Streben nach Glückseligkeit unter empirischen Bedingungen kaum befriedigen läßt. Die höchste Glückseligkeit, nach der jeder strebt, ist nicht von der Art, daß sie sich zeit unseres irdischen Daseins erfüllen ließe. Der inzwischen gewiß altmodisch klingende Ausdruck Glückseligkeit evoziert ja so etwas wie ein »Glück der Seligen«. Was sich unsere Vernunft erhofft, ist kein größeres Wohlergehen materieller Art, sondern eine seelische Seligkeit, die nicht nur von dieser Welt ist. Selbstverständlich können wir aus eigener Kraft ein solches Glück, das als höchstes Glück zu bezeichnen wäre, nicht bewerkstelligen. Das einzige, was wir tun können, ist zu hoffen und uns eines solchen Glücks würdig zu erweisen.

Auf diese Weise antwortet Kant faktisch auf die zweite Grundfrage ›Was soll ich tun?‹, die er aus der Transzendental-Philosophie auszuklammern vorgab: »Tue das, wodurch du würdig wirst, glücklich zu sein.« (KrV, A 808/B 836) Und für Kant erweist sich der des Glückes würdig, der nach Kräften nach den moralischen Gesetzen handelt, die Produkte der reinen praktischen Vernunft sind.[38] Gehandelt wird zwar aus Achtung vor dem Gesetz und dessen Ordnung, aber die geheime Hoffnung der Vernunft geht dahin, daß ihr Handeln durch eine ewige Seligkeit belohnt werde. Letzter Gegenstand unserer Hoffnung würde für uns im Gewähren einer ewigen Seligkeit liegen, die der Sittlichkeit unserer Handlungen, genauer: unserer Handlungsmaximen, entspräche. Eine solche Hoffnung hat aber nur Bestand, wenn sie zugleich eine höchste Vernunft annimmt, die die »notwendige Verknüpfung der Hoffnung, glücklich zu sein, mit dem unablässigen Bestreben, sich der Glückseligkeit würdig zu machen« (KrV, A 810/B 838), sichern könnte. Diese notwendige Verknüpfung zwischen der Vernunfthoffnung und ihrer moralisch verdienten Verwirklichung bildet das Ideal des höchsten Guts in der ersten *Kritik*, das die alte metaphysische Lehre vom *summum bonum* positiv und in praktischer Absicht für sich in Anspruch nimmt: »Ich nenne die Idee einer solchen Intelligenz, in welcher der moralisch vollkommenste Wille, mit der höchsten Seligkeit verbunden, die Ursache aller Glückseligkeit in der Welt ist, sofern sie mit der Sittlichkeit (als der Würdigkeit glücklich zu sein) in genauem Verhältnisse steht, das Ideal des höchsten Guts.« (KrV, A 810/B 838) In diesem Ideal erkennt man unschwer die bekannte Postulatenlehre wieder, die die zweite *Kritik* von 1788 vollendet. Die

Hauptlinien dieser Lehre finden sich aber bereits in der ersten *Kritik*, deren eigentlichen Schluß sie ausmachen.

Die vom *Prinzip* des höchsten Guts anberaumte Hoffnung will es möglich machen, auf dem Fundament der reinen praktischen Vernunft die, wie Kant sie immer wieder nennt, »zwei Kardinalsätze unserer reinen Vernunft: es ist ein Gott, es ist ein künftiges Leben« [39] zu fundieren. Im Rahmen der *Kritik der reinen Vernunft* ist dies auf alle Fälle die klarste Auskunft über das grundlegende Anliegen der Metaphysik.

Man kann sich aber fragen, ob diese zwei Kardinalsätze wirklich *begründet* worden sind. Bei beiden Sätzen haben wir es offenkundig mit synthetischen Urteilen a priori zu tun. Kant hatte gerade seine transzendentale Kritik zu dem Zweck eingesetzt, den Rechtsgrund solcher Urteile ausfindig zu machen. Wie legitimieren sich nun die metaphysischen Postulate der praktischen Vernunft vor dem Gerichtshof der transzendentalen Kritik? Wir wissen, daß ein drittes verbindendes Glied erforderlich ist, um einen synthetischen Satz zu rechtfertigen. Was ist dieses *tertium quid* bei den metaphysischen Aussagen der hoffenden Vernunft?

Die *Kritik* von 1781 gibt keine genauen Hinweise dazu. Die *Kritik der praktischen Vernunft* von 1788 beantwortet jedoch diese Frage: »Um ein reines Erkenntnis *praktisch* zu erweitern, muß eine Absicht a priori gegeben sein, d.i. ein Zweck als Objekt (des Willens), welches unabhängig von allen theoretischen Grundsätzen, durch einen den Willen unmittelbar bestimmenden (kategorischen) Imperativ, als praktisch notwendig vorgestellt wird, und das ist hier das höchste Gut.« [40] Was eine praktische Erweiterung unseres Wissens a priori rechtfertigen soll, ist also eine Absicht, ein apriorisches Interesse der Vernunft, das sich in der doppelten Frage nach Gott und einem künftigen Leben niederschlägt.

Ist es aber gerechtfertigt, von einem Vernunftbedürfnis auf die Wirklichkeit seines Gegenstandes zu schließen? Ist der Mensch unsterblich, weil es seiner Absicht und seinem Interesse an Unvergänglichkeit entspräche? Folgt Gottes Dasein daraus, daß es Bestandteil des vom Menschen konzipierten höchsten Guts ist? Verfällt hier Kant nicht dem Trugschluß, seine metaphysischen Illusionen für Realität zu halten, den er in der ganzen Dialektik ständig angeprangert hat? Es ist nicht zu bestreiten, daß die Metaphysik der praktischen Vernunft aus einem Interesse der Vernunft hervorgeht. Wie legitimiert sich aber der Sprung von diesem Interesse zur Realität eines Gegenstandes, der sich in keiner Erfahrung geben läßt?

Dies ist auch eine Frage, die die Methodenlehre von 1781 zunächst außer acht ließ und auf die erst die *Kritik der praktischen Vernunft* eine Antwort parat hat. Dort setzt sich eine Anmerkung mit einem gewissen Wizenmann auseinander, der Kants Verbindung des Vernunftinteresses mit einem Gottes- und Unsterblichkeitserweis in Frage gestellt hatte und »die Befugnis, aus einem Bedürfnisse auf die objektive Realität des Gegenstandes desselben zu schließen, bestreitet und seinen Gegenstand durch das Beispiel eines Verliebten erläutert, der, indem er sich in eine Idee von Schönheit, welche bloß sein Hirngespinst ist, vernarrt hätte, schließen wollte, daß ein solches Objekt wirklich wo existierte«.[41] Damit griff er offenkundig Kants praktische Metaphysik an, deren Grundstein im Kanon der ersten *Kritik*, also sieben Jahre vor der *Kritik der praktischen Vernunft*, gelegt wurde. Wizenmann hatte sie angemessen gelesen, nämlich von ihrem Schluß aus, was Kants Erwiderung auf seinen Kritiker auch indirekt bekräftigt. Kant erklärt sich mit Wizenmann einverstanden, sofern es sich lediglich um empirische und kontingente Begierden handelt: »Ich gebe ihm hierin vollkommen recht in allen Fällen, wo das Bedürfnis auf *Neigung* gegründet ist, die nicht einmal notwendig für den, der damit angefochten ist, die Existenz ihres Objektes postulieren kann, viel weniger eine für jedermann gültige Forderung enthält und daher ein bloß *subjektiver* Grund der Wünsche ist.«[42]

Von der Neigung zur Realität hin ist der Schluß unbefriedigend. Aber nach Kant ist das Interesse, das uns zur Postulierung des Daseins Gottes und der Unsterblichkeit führt, nicht eine Neigung wie irgendeine andere. Man hat es hier nicht mit einer bloß subjektiven Neigung zu tun, sondern mit einem »Vernunftbedürfnis«, das aus einem objektiven Bestimmungsgrund des Willens, nämlich dem »moralischen Gesetze« entspringt, das »jedes vernünftige Wesen notwendig verbindet, also zur Voraussetzung der ihm angemessenen Bedingungen in der Natur a priori berechtigt und die letzteren von dem vollständigen praktischen Gebrauche der Vernunft unzertrennlich macht«.[43] Das metaphysische Vernunftbedürfnis hat demnach objektive Geltung, weil es universal ist, da es mit dem einzigen positiven Apriori der Vernunft, dem moralischen Gesetz, innigst zusammenhängt. Die moralische Aufforderung als Faktum der Vernunft hat das höchste Gut zum letzten Telos. Auf diesen allgemeinen Telos des Gesetzes zu verzichten, hieße nach Kant, der Vernunft jede Wirkung und schließlich jede Kohärenz abzusprechen. Warum würde uns denn die Vernunft zur Verwirklichung eines unmöglichen Ideals anleiten? Sich dem moralischen Gesetz unterworfen zu finden, impliziert zugleich die Annahme des höchsten Guts und seiner doppelten Bedingung der Möglichkeit, Gott und der Unsterblichkeit. Diese »Voraussetzung«, betont Kant, ist »so notwendig als das moralische Gesetz, in Beziehung auf welches sie auch nur gültig ist«.[44] Die Metaphysik resultiert somit aus der Logik des ethischen Verpflichtetseins. Der Objektivitätsanspruch der Postulate der praktischen Vernunft hängt an der unbezweifelbaren Objektivität, d.h. hier der Allgemeingültigkeit des moralischen Gesetzes und der Rationalität, die es der menschlichen Existenz eröffnet.

Zu dieser metaphysischen Rationalität des Ethischen gibt es gleichwohl gewisse doktrinäre Unterschiede zwischen der ersten und der zweiten *Kritik*. Erst die *Kritik* von 1788 spricht hier von »Postulaten«, wohl um hervorzuheben, daß es sich dabei um »Konsequenzen«, nicht etwa um Ausgangspunkte des moralischen Gesetzes handelt, das uns zu einem Handeln aus reiner Pflicht, also einem Handeln unter Vernachlässigung aller nachkommenden Belohnung auffordert. Die praktische Vernunft ist derart autonom geworden, daß sie von sich aus eine Nötigung zum moralischen Handeln erläßt, ohne auf irgendeine Kompensation zu achten. Ein an Konsequenzen oder Ergebnisse gebundenes Handeln wäre nicht mehr autonom oder moralisch im strengen Sinne. Diese oft monierte Strenge macht den methodologischen »Rigorismus« der Kantischen Metaphysik der Sitten aus. Es ist aber zu beachten, daß die erste *Kritik* weit weniger rigoros verfährt und sich enger an die Seite der herkömmlichen Ethik stellt, wie sie in Leibniz' Rede von einem Reich der Gnade zur Sprache kam und an die sich der Kanon von 1781 anlehnt. Dort noch schrieb Kant ganz im Geiste Leibniz': »Ohne also einen Gott und eine für uns jetzt nicht sichtbare, aber gehoffte Welt, sind die herrlichen Ideen der Sittlichkeit zwar Gegenstände des Beifalls und der Bewunderung, aber nicht Triebfedern des Vorsatzes und der Ausübung, weil sie nicht den ganzen Zweck, der einem jeden vernünftigen Wesen natürlich und durch eben dieselbe reine Vernunft a priori bestimmt und notwendig ist, erfüllen.« (KrV, A 813/B 841)

Die erste *Kritik* vertritt noch mit aller Offenheit und in der anerkannten moraltheologischen Nachfolge von Leibniz ein »System der sich selbst lohnenden Moralität« (KrV, A 809/B 837). Nach diesem System – wobei man merkt, daß die für den deutschen Idealismus zentral gewordene Systemidee nicht erst von der darauffolgenden Architektonik inspiriert, sondern bereits im Kanon angelegt ist – ist die Voraussetzung eines weisen Weltregierers eine »innere praktische Notwendigkeit«, um jenen moralischen »Gesetzen Effekt zu geben« (KrV, A 818/B 846). Entweder nimmt man einen Gott und ein künftiges Leben an, oder man sieht sich gezwungen, die moralischen Gesetze für Einbildungen zu halten. »Einen solchen [weisen Urheber und Regierer], samt dem Leben in einer solchen Welt, die wir als eine künftige ansehen müssen, sieht sich die Vernunft *genötigt anzunehmen*, oder die moralischen Gesetze als *leere Hirngespinste* anzusehen, weil der notwendige *Erfolg* derselben, den dieselbe Vernunft mit ihnen verknüpft, ohne jene Voraussetzung wegfallen müßte.«[45]

Dieser metaphysische Ausgang wird von der praktischen Vernunft und ihrem unmittelbaren Bewußtsein eines moralischen Gefordertseins verbürgt. Dies wird Kant später dazu bewogen haben, das Reich des Praktischen autonom zu machen und *unabhängig* von jeder Rücksicht auf einen Weltregierer und eine postmortale Ausrichtung zu bestimmen. Im Zuge dieser neuerrungenen Autonomie der praktischen Vernunft wurden Gott und die Unsterblichkeit zu postulierten Konsequenzen des moralischen Handelns »herabgestuft«. Da diese Konsequenzen jedoch »so notwendig als das moralische Gesetz« blieben, konnte man sich auch später des Eindrucks nicht erwehren, der theologische Hintergrund der praktischen Metaphysik bleibe doch für Kant das Ursprünglichere. Erst seine Nachfolger werden die Autonomie der auf sich selbst gestellten Vernunft so weit bringen, daß die Postulate der hoffenden Vernunft als entbehrliche Erinnerungen an die Anliegen der alten Metaphysik angesehen und beiseite gelassen werden konnten. Davon ist Kants Grundlegung zu einer *Metaphysik* der Sitten noch weit entfernt.

Von der Hoffnung bis zur objektiven Realität des Erhofften ist also für Kant der Schritt nur schlüssig, weil es sich hier um ein objektives Bedürfnis handelt, das mit der inneren Kohärenz einer praktisch geforderten Vernunft zusammenhängt. Und Kant kennt nur ein solches Bedürfnis: das höchste Gut, das mit zwei Glaubensartikeln – »es ist ein Gott, es ist ein ewiges Leben« – verbunden ist. Man findet in dieser Logik der praktischen Vernunft den eigentlichen Schluß der *Kritik der reinen Vernunft*, deren Zweck es war, den rechtmäßigen Gebrauch und den möglichen Umfang der reinen Vernunft zu ermessen. Dies bildet den zwar beschränkten, aber unschätzbaren Abschluß der ersten *Kritik*, die auf diese Weise und nach Maßgabe ihrer produktivsten, nämlich praktischen Möglichkeiten die Frage nach der Glaubwürdigkeit der Metaphysik für die menschliche Vernunft beantwortet.

Der Abschluß des Kanons soll jedoch zu keinerlei Triumphalismus der reinen Vernunft verleiten. Das praktische Postulat der Existenz Gottes und der Unsterblichkeit der Seele, nicht die theoretische Einsicht in sie, faßt all das zusammen, was sich die Vernunft in der Ausarbeitung des Ideals des höchsten Guts erhoffen darf. Um die Redeweise der »Paralogismen« zu paraphrasieren, bildet der Satz »es ist ein Gott – es ist ein künftiges Leben« den einzigen Text der praktisch-rationalen Theologie.

Nur den anspruchsvolleren Schulen des Rationalismus wird eine so bescheidene Konklusion eng vorkommen. Kant ist aber der Ansicht, daß sie vollends genügt, wenn die Philosophie den Interessen der Vernunft und dem, was der Mensch von einer redlichen Metaphysik erwartet, genügen will. Dies hält der Schluß des Kanons und damit der ganzen *Kritik* deutlich fest: »Ist das aber alles, wird man sagen, was reine Vernunft ausrichtet, indem sie über die Grenzen der Erfahrung hinaus Aussichten eröffnet? nichts mehr, als zwei Glaubensartikel? so viel hätte auch wohl der gemeine Verstand, ohne darüber die Philosophen zu Rate zu ziehen, ausrichten können!« (KrV, A 830/B 858) Dem entgegnet Kant: »Aber verlangt ihr denn, daß ein Erkenntnis, welches alle Menschen angeht, den gemeinen Verstand übersteigen, und euch nur von Philosophen entdeckt werden solle?« (KrV, A 831/B 859)

Die Metaphysik der Interessen der Vernunft, die Kants Kanon offenlegt, will nicht den gemeinen Verstand transzendieren und belehren, sondern ihm dienen und seine berechtigten Ansprüche zur Sprache bringen. Sie ist die Konsequenz, die Folgerichtigkeit und die Neuheit der praktischen Umorientierung der Metaphysik bei Kant. Die Philosophie wird nicht mehr nach ihrem Schulbegriff verstanden, sondern kosmisch – oder kosmopolitisch – als »Wissenschaft von der Beziehung aller Erkenntnis auf die wesentlichen Zwecke der menschlichen Vernunft (*teleologia rationis humanae*)« (KrV, A 839/B 867). Mit Rousseau, der ihm diese Rückkehr zur gemeinen Vernunft einprägte, entdeckt Kant, daß »die höchste Philosophie in Ansehung der wesentlichen Zwecke der menschlichen Natur es nicht weiter bringen könne, als die Leitung, welche sie auch dem gemeinsten Verstande hat angedeihen lassen« (KrV, A 831/B 859).

Indem wir hier den oft verkannten metaphysischen Ausgang des Kantischen Denkens im Kanon der reinen Vernunft hervorgehoben haben, war es nicht unsere Absicht, der *Kritik der reinen Vernunft*, die de facto keinen hat, einen »Schluß« anzufügen. Es ging darum, die eigene Schlüssigkeit der Kantischen Anfrage an die Metaphysik neu zugänglich zu machen. Die Metaphysik, mit der man es noch bei Kant zu tun hat, soll, wenn sie möglich sein darf, auf die zwei wesentlichsten Fragen Auskunft erteilen können: ist ein Gott?, ist ein ewiges Leben? Die transzendentale *Kritik der reinen Vernunft* zielt ja darauf, die mögliche Grundlage eines »Wissens« zu eruieren, das eine glaubwürdige Antwort auf die Fragen der *metaphysica naturalis* zu geben wüßte.

Es mag am Ende zweifelhaft erscheinen, ob dieses Wissen noch Anspruch auf strenge Wissenschaftlichkeit erheben kann. Vielleicht hat Kant selber darüber keine letzte Klarheit erlangt oder erlangen wollen. Im Titel einer Metaphysik der Sitten liegt sehr wohl ein Anspruch auf apriorische Wissenschaftlichkeit – die strengste, die Kant noch kannte. Aber der Kanon spricht andererseits doch von Glaubensartikeln und die *Kritik der praktischen Vernunft* von Postulaten. Ist eine postulatorische Metaphysik noch Wissenschaft? Hinsichtlich des Gewißheitsgrades erreicht sie wohl weniger, im Hinblick auf ihre letzten Ergebnisse aber doch mehr als Wissenschaft. Mit dieser Redlichkeit wird sich die kritische Philosophie abgefunden haben.

Als Kant seine erste *Kritik* niederschrieb, hatte er noch keineswegs geplant, zwei weitere Kritiken zu verfassen. In der Perspektive von 1781, die hier zugrunde gelegt wurde, sollte eine einzige Kritik, die alle Möglichkeiten der reinen Vernunft durchmessen wollte, einschließlich die der praktischen Vernunft und zwar in positiver Absicht, zur Entfaltung einer Metaphysik ausreichen.

Als Traktat von der Methode ist es dieser *Kritik* gelungen, der künftigen Metaphysik einen neuen Weg zu weisen, einen der reinen praktischen Vernunft, die in ihrem kategorischen Befehl und in der Konsistenz des vom Ideal des höchsten Guts gekrönten Systems der Sittlichkeit, des Systems der Freiheit, ihre Wirksamkeit zeigt. Ausgehend von diesem Prinzip unternimmt es Kant, die Grundprobleme der Metaphysik einer Lösung zuzuführen.

Es ist somit der Kanon der Methodenlehre, der die Frage nach der Möglichkeit der Metaphysik löst und ins Praktische wendet. Dies bestätigt auch der auffallend dramatische Zug der Sprechweise im Kanon, sowie seiner Titel: »Von dem letzten Zwecke des reinen Gebrauchs unserer Vernunft« und »Von dem Ideal des höchsten Guts, als einem Bestimmungsgrunde des letzten Zweckes der reinen Vernunft«.

Nach diesem Kanon treten dann in der Methodenlehre eine »Architektonik« sowie eine »Geschichte der reinen Vernunft« auf. Auf schematische Weise umreißen diese Kapitel den Plan des durch den Kanon möglich gemachten Systems der Vernunft. Im Grunde genommen lassen sich diese zwei letzten Kapitel als Anhang der *Kritik* von 1781 und ihres Schlusses, des Kanons der reinen Vernunft, betrachten. Es wird Aufgabe des heraufziehenden Idealismus sein, die zwei letzten Kapitel der *Kritik* neu zu schreiben. Der nachkantische Idealismus hat in der Tat kein anderes Ziel, als das System sowie die Geschichte der Vernunft neu zu denken, ja, sie zusammenzudenken. Auch daran wird deutlich, daß der Kanon den Schluß der ersten *Kritik* bildete.

9. Eine Metaphysik aus dem Sittlichen

Die *Kritik der reinen Vernunft* wurde im Hinblick auf eine künftige Metaphysik konzipiert. Die dabei anvisierte Metaphysik verzweigte sich in zwei Teile, die der Einteilung der Philosophie in eine theoretische und eine praktische entsprach[46]: eine Metaphysik der Natur und eine der Sitten. Wie wir sahen, hatte das Vorwort von 1781 noch das baldige Erscheinen einer Metaphysik der Natur versprochen. Allem Anschein nach blieb dieses Werk ungeschrieben. Dafür vertiefte sich Kant in die vom Kanon eröffnete Problematik einer Metaphysik der Sitten. Das erste Werk, das er – nach den *Prolegomena zu einer jeden künftigen Metaphysik* (1783), die eigentlich eine Entgegnung auf eine Rezension der ersten *Kritik* darstellen – schreibt, wird die *Grundlegung zur Metaphysik der Sitten* (1785) bilden. Drei Jahre später wird er dieser Sittlichkeitsmetaphysik eine zweite *Kritik* widmen, die gleichsam den Abschluß der ersten radikalisieren sollte. Die Metaphysik, die die Kritik möglich gemacht haben will, ist eine Metaphysik der Sitten, eine Metaphysik aus der Freiheit heraus.

So originell dieser Neuansatz für das Selbstverständnis der herkömmlichen Metaphysik sein mag, vollzieht sich seine Grundlegung als eine Rückkehr zu den immer schon in Anwendung befindlichen Prinzipien der gesunden Menschenvernunft. Wenn Hume ihn aus dem dogmatischen Schlummer geweckt hat, so war es Rousseau, der Kant schon früh diese Kehre zur natürlichen Vernunft ins Stammbuch schrieb: »Ich bin selbst aus Neigung ein Forscher. Ich fühle den ganzen Durst nach Erkenntnis u. die begierige Unruhe darin weiter zu kommen oder auch die Zufriedenheit bei jedem Erwerb. Es war eine Zeit, da ich glaubte, dieses allein könnte die Ehre der Menschheit machen, und ich verachtete den Pöbel, der von nichts weiß. Rousseau hat mich zurecht gebracht. Dieser verblendende Vorzug verschwindet, ich lerne die Menschen ehren, und würde mich unnützer finden wie den gemeinen Arbeiter, wenn ich nicht glaubte, daß diese Betrachtung allen übrigen einen Wert erteilen könne, die Rechte der Menschheit herzustellen.«[47]

Kants ethische Parteinahme für die Rechte der gemeinen Vernunft hängt auch mit der Lehre des Kanons zusammen, wonach »die höchste Philosophie in Ansehung der wesentlichen Zwecke der menschlichen Natur es nicht weiter bringen könne, als die Leitung, welche sie auch dem gemeinen Verstande hat angedeihen lassen« (KrV, A 831/B 859). Moralische Klarsicht hat nichts mit Wissenschaftsfortschritt oder Kulturniveau zu tun, sie wohnt bereits dem moralischen Urteil eines jeden vernunftbegabten Wesens inne. Insofern, und nur insofern, ist Kants Sittenmetaphysik eine Moral der Autonomie. Kant will damit nicht sagen, daß es jedem Menschen freisteht, über seine eigene Lebensgestaltung »autonom«, d.h. wie es ihm gerade gefällt, zu befinden, wie neuere zum Teil von Nietzsche inspirierte Kantinterpreten behauptet haben. Es mag sein, daß diese freiheitliche Autonomiekonzeption zur Aktualität der Kantischen Ethik beiträgt, aber hier wird doch die Kantische Autonomie mit der zeitgemäßen Parole der »Selbstverwirklichung« verwechselt. Von ihr wußte Kant nichts. Sein Begriff der Autonomie hatte gerade den umgekehrten Zweck, jede eudämonistische Komponente aus dem Selbstverständnis des ethischen Sollens auszuschalten. Die einzige Aufgabe der praktischen Philosophie besteht darin, das rationale, schon autonom betätigte Prinzip des moralischen Bewußtseins in seiner Klarheit – ja, in seiner Primitivität als Sinn für Pflicht – herauszuheben. Zu Recht schreibt daher Hans-Georg Gadamer: »Die Autonomie des sittlichen Bewußtseins hat bei Kant nur als Kritik am eudämonistischen Utilitarismus der Aufklärung ihren Akzent und setzt gerade die Gemeinsamkeit des Sittengesetzes und die Unbedingtheit seiner Geltung voraus.«[48]

Es ist die Absicht der Kantischen Grundlegung, das autonome moralische Urteil von falschen Konzeptionen seiner selbst abzuheben und damit über sich selbst aufzuklären. An sich, da es autonom ist, bedarf es keiner äußeren, gar spekulativen Grundlegung. Eine philosophische Klärung kommt ihm nur insofern zugute, als es von den gängigen Moralphilosophien des eigenen Nutzens, aber auch von der Sophistik, durch die es sich aus dem verpflichtenden Sittengesetz herauszustehlen sucht, bedroht wird.

Die praktische Philosophie gründet also selber auf einem praktischen Interesse: »So wird also die gemeine Menschenvernunft nicht durch irgend ein Bedürfnis der Spekulation (welches ihr, solange sie sich genügt, bloße gesunde Vernunft zu sein, niemals anwandelt), sondern selbst aus praktischen Gründen angetrieben, aus ihrem Kreise zu gehen und einen Schritt ins Feld einer *praktischen Philosophie* zu tun, um daselbst, wegen der Quelle ihres Prinzips und richtigen Bestimmung desselben in Gegenhaltung mit den Maximen, die sich auf Bedürfnis und Neigung fußen, Erkundigung und deutliche Anweisung zu bekommen, damit sie aus der Verlegenheit wegen beiderseitiger Ansprüche herauskomme und nicht Gefahr laufe, durch die Zweideutigkeit, in die sie leicht gerät, um alle echten sittlichen Grundsätze gebracht zu werden.«[49]

Indem sie lediglich »deutliche Anweisung«, d. h. begriffliche Klärung vollbringen will, verzichtet die Kantische Moralphilosophie thematisch auf jegliche Neuerung. So konnte die Vorrede zur *Kritik der praktischen Vernunft* mit Stolz verbuchen, daß der Grundlegung von 1785 mangelnde Originalität nachgesagt wurde: »Ein Rezensent, der etwas zum Tadel dieser Schrift sagen wollte, hat es besser getroffen, als er wohl selbst gemeint haben mag, indem er sagt: daß darin kein neues Prinzip der Moralität, sondern nur eine *neue Formel* aufgestellt worden. Wer wollte aber auch einen neuen Grundsatz aller Sittlichkeit einführen und diese gleichsam zuerst erfinden? gleich als ob vor ihm die Welt in dem, was Pflicht sei, unwissend oder in durchgängigem Irrtume gewesen wäre.«[50]

Anstatt die Moral erfinden zu wollen, ist vom gegebenen moralischen Befund auszugehen, um das grundlegende rationale, mithin einer Metaphysik fähige Element herauszuheben. Es geht ja um eine *Metaphysik* der Sitten. Kant will keine empirische Handlungstheorie vorlegen, die allen Aspekten des menschlichen Handelns Rechnung trüge; nur sofern der Handlung ein vernünftiges, folglich allgemeingültiges Prinzip zugrunde liegen *kann*, wird sich die Metaphysik für das Sittliche interessieren.

Damit ist nicht gesagt, daß dieses Prinzip auch wirklich effektiv ist oder gar befolgt wird. Es genügt Kant, daß im moralischen Urteil eine solche vernünftige Richtschnur zumindest vorausgesetzt wird. Diesen rationalen Befund des Sittlichen findet Kant bereits in der Idee des guten Willens. Es ist das nahezu umgangssprachliche Maß des sittlichen Urteils, daß von einem gesagt wird, er habe guten Willen. Was ist damit gemeint? Gewiß nicht, daß die Handlung Erfolg hatte, denn dies hängt nicht allein vom Handelnden ab. Auch nicht, daß die Handlung dem eigenen Nutzen gehorcht, weil das pflichtmäßige Handeln oft genug vom eigenen Nutzen absehen muß. Ein inhaltlicher Begriff des Guten läßt sich auch nicht in Anschlag bringen. Zum einen kursieren die verschiedensten Vorstellungen darüber, worin das Gute bestehen mag: Lust, Geld, Macht, Ehre, Gesundheit, Selbstverwirklichung, usw. Zum anderen ist nicht ersichtlich, wie ein solcher inhaltlicher Begriff aus der Vernunft selbst zu gewinnen wäre. Die Pflichtmäßigkeit der Handlung wird sich also nicht aus der Absicht, die dadurch erreicht werden soll, sondern allein aus der Maxime, nach der sie beschlossen wird, bestimmen können.[51] Unter einer Maxime versteht Kant ein subjektives Prinzip des Wollens. Soweit es zweckgerichtet ist, gehorcht das menschliche Handeln keinen mechanischen Gesetzen. Als Handeln aus Freiheit vollzieht es sich nach der Vorstellung von Prinzipien, die Kant Maximen nennt, mag die Maximenbildung dem Handelnden selbst auch verborgen bleiben.

Wann aber kann eine Maxime »vernünftig« genannt werden? Kants Antwort fällt fast analytisch aus. Mit Vernunft verbindet sich die Idee der Allgemeingültigkeit, eine Maxime wird also Anspruch auf Vernünftigkeit erheben dürfen, wenn sie sich als allgemeingültig denken läßt. Als Kriterium des Sittlichen bleibt also nur die formale Gesetzmäßigkeit der Handlung übrig. So kommt Kant zur ersten Formulierung des moralischen Willensprinzips, »daß ich auch wollen könne, meine Maxime solle ein allgemeines Gesetz werden«.[52] Kant wollte es nicht wahrhaben, weil dies eine inhaltliche Bestimmung in sein Formprinzip hineinzubringen schien, aber dies ist de facto eine Neuformulierung der sogenannten »goldenen Regel« des Neuen Testamentes: »Und wie ihr wollt, daß euch die Leute tun sollen, so tut ihnen auch!«[53] Daß dieses Handeln »aus Pflicht« auch sinnvoll und verantwortlich ist, leuchtet ein.

Was Kant also aus dem Begriff des guten Willens und des ihm zugrunde liegenden Vernunftprinzips heraushebt, ist die Idee eines unbedingten Appells zur Pflicht. Kant wird gewöhnlich vorgeworfen, seinen Pflichtbegriff nicht weiter begründet zu haben. Er habe zudem einen naturalistischen Fehlschluß begangen, indem er dieses moralische Gesetz als ein Vernunftfaktum hingestellt hätte. Kant hält jedoch die wohlverstandene moralische Verpflichtung für ein so ursprüngliches Phänomen, daß es keine weitere Ableitung duldet. Er bekämpft gerade die Moralphilosophien, die das moralische Handeln von irgendeinem pragmatischen Nutzenkalkül abhängig machen wollen. Was diese Ethiken verfehlen, ist gerade die unmittelbare Evidenz des moralischen Verpflichtetseins als einer Grundkondition des faktischen Menschen, das jedem Kalkül, jeder Vereinbarung und jeder Diskussion vorausgeht.[54]

Die Verpflichtung richtet sich an einen Adressaten, der das moralische Gesetz zwar hört, ihm aber zu gehorchen nicht immer willens ist. Nichts ist Kant ferner als die idyllische Vorstellung eines Menschen, der reinen Vernunftprinzipien zu folgen gesonnen wäre. Da er auch von sinnlichen Trieben bestimmt wird, überhört er oft und gern die Stimme seines Gewissens. Deshalb nimmt die Moralität für ihn die Gestalt einer Pflicht oder eines kategorischen Imperativs an, der bedingungslos gebietet und damit jegliche »kommunikative« Weiterbegründung unterläuft. Da er von der Vernunft ausgeht, sagt dieser Imperativ nichts über die Materie oder die spezifischen Gegenstände des Wollens. Die konkrete Gestaltung unserer Maximen wird durchweg unserer Urteilskraft, unserer »Autonomie« überlassen. Ein apriorischer Befehl wird nur die »Form« der Gesinnung, ihren letzten Bestimmungsgrund angehen dürfen. Was die praktische Vernunft a priori, fast analytisch gebietet, ist, daß ich auch wollen kann, daß meine Maxime allgemeingültig sei. Darin liegt nach Kant das höchste Prinzip der Sittlichkeit, das eine *Grundlegung zur Metaphysik der Sitten* herzustellen berufen war. Da Kant sehr daran liegt, daß das Reich des Sittlichen ebenso wie das Reich der Natur seine eigenen Gesetze hat, wird er zunächst dem kategorischen Imperativ die Form eines Gesetzes geben, das wie das praktische Äquivalent eines Naturgesetzes aufzufassen ist: »Handle nur nach derjenigen Maxime, durch die du zugleich wollen kannst, daß sie ein allgemeines Gesetz werde.«[55]

Es ist zu beachten, daß der imperative Befehl auch mit einem Verb in der Imperativform beginnt: Handle! Obwohl die Moralität nur die Handlungsmaxime betreffen kann, ist es durchaus eine Handlung, die das moralische Gebot von uns *verlangt.* In diesem Sinne ist die Vernunft unmittelbar *praktisch.* Und ihr Befehl läßt keinen Raum für hinhaltendes Vernünfteln. Es muß gehandelt werden, als ob das Motiv unserer Handlung das Zeug hätte, zu einem allgemeingültigen Naturgesetz erhoben werden zu können. Die Parallele mit dem Naturgesetz soll also die Verbindlichkeit des Vernunftgebots unterstreichen.

Eine *Metaphysik* der Sitten hat sich aber nicht um die tatsächliche Befolgung dieses Gesetzes im Handeln der Menschen zu kümmern. Es hieße, die philosophische Zielrichtung des Kantischen Unternehmens zu verkennen, wollte man ihm vorhalten, die pragmatischen oder empirischen Gesichtspunkte des Handelns nicht gebührend berücksichtigt zu haben. Eine Metaphysik der Sitten ist keine Anthropologie oder empirische Psychologie.

Es ist insofern etwas mißverständlich, von Kants »Ethik« zu sprechen. Ihrem eigenen Titel und Selbstverständnis nach ist sie eher eine *Metaphysik* des Sittlichen. Als metaphysische Untersuchung kann sie sich nur für die mögliche apriorische oder rein vernünftige Komponente in der Handlungsmotivation interessieren. Kants Definition des Vorhabens einer *Kritik der praktischen Vernunft* macht das auch sehr deutlich: »Hier ist also die erste Frage: ob reine Vernunft zur Bestimmung des Willens für sich allein zulange, oder ob sie nur als empirisch-bedingte ein Bestimmungsgrund derselben sein könne.«[56] Es ist gar keine Frage, daß die menschliche Vernunft *auch* empirisch bestimmt ist und daß sie dazu verleitet wird, Gewinn und Verlust ihrer Handlungsanweisungen abzuwägen – eine Berechnung, die auch »Rationalisierung« des Handelns genannt wird. Dies gehört zur reellen und natürlichen Dialektik der praktischen Vernunft. All dies ist bekannt.

Allein, dieser Aspekt der menschlichen Motivation kann nicht unmittelbar eine *Metaphysik* der Sitten, sondern höchstens eine empirische Handlungstheorie angehen, von der nicht sofort ersichtlich ist, wieso sie Anspruch auf den Titel einer Philosophie erheben darf. Das einzige, was eine praktische Philosophie als Vernunftwissenschaft beschäftigen kann, sind die apriorischen Prinzipien dessen, was Moralität sein dürfte oder könnte. Eine Metaphysik der Sitten muß sich damit bescheiden, diese Möglichkeit, die das rein moralische Handeln für den Menschen bietet, offenzulegen, ohne aber je zu wissen – hierin liegt die Endlichkeit einer jeden Ethikreflexion –, ob reine Vernunft zur Bestimmung des Willens für sich allein zureicht. Darin liegt eine der luzidesten Einsichten der Kantischen Besinnung: »In der Tat ist es schlechterdings unmöglich, durch Erfahrung einen einzigen Fall mit völliger Gewißheit auszumachen, da die Maxime einer sonst pflichtmäßigen Handlung lediglich auf moralischen

Gründen und auf der Vorstellung seiner Pflicht beruht habe.«[57] Das Befolgen des Sittengesetzes ist die Sache, die Pflicht eines jeden einzelnen.

Der Metaphysiker muß sich darauf beschränken, die Möglichkeit einer Handlung aus Pflicht durch den Erweis einer auch rein praktischen Vernunft oder eines rein moralischen Gesetzes, mag es nur ein Gebot bleiben, umgrenzt zu haben. Daß die physische Welt den Ansprüchen der Metaphysik nachsteht, ist keine neue Einsicht. Was die Möglichkeit einer Metaphysik auch im Rahmen des Sittlichen möglich machen kann, ist allein die praktische Leistung der reinen Vernunft. Für sie reicht »die klare Überzeugung, daß, wenn es auch niemals Handlungen gegeben habe, die aus solchen reinen Quellen entsprungen wären, dennoch hier auch davon gar nicht die Rede sei, ob dies oder jenes geschehe, sondern *die Vernunft für sich selbst und unabhängig von allen Erscheinungen gebiete, was geschehen soll*, mithin Handlungen, von denen die Welt bisher noch gar kein Beispiel gegeben hat, an deren Tunlichkeit sogar der, so alles auf Erfahrung gründet, sehr zweifeln möchte, dennoch durch Vernunft unnachläßlich geboten seien, und daß z. B. reine Redlichkeit in der Freundschaft um nichts weniger von jedem Menschen gefordert werden könne, wenn es gleich bis jetzt keinen redlichen Freund gegeben haben möchte, weil diese Pflicht als Pflicht überhaupt vor aller Erfahrung in der Idee einer den Willen durch Gründe a priori bestimmenden Vernunft liegt.«[58]

Dieses unerläßlich gebotene Handeln, hinter dem die Erfahrung nur zurückbleiben kann, hinge also nur von der Vernunft selbst ab. Indem es – im Prinzip zumindest – jegliche vernunftfremde Bestimmung ausschließt, verdiente es, »frei« oder »autonom« genannt zu werden, weil es sich selbst (autos) sein eigenes Gesetz (nomos) gäbe. Diese mögliche

Autonomie bildet ein Unikum im Reich der Natur, wo sonst überall Heteronomie, also die kausale Bestimmung durch anderes herrscht. Indem sie uns idealiter vom Gesetz der mechanischen Kausalität, das keinen Neuanfang kennen kann, herauslöst, signalisiert die von der rein praktischen Vernunft attestierte Autonomie des Willens die besondere Erhebung oder Erhabenheit des Menschen im Kosmos. Kant wird also nicht zögern, diese Autonomie das oberste Prinzip der Sittlichkeit zu nennen.[59] Auf ihr gründet nämlich die Würde der menschlichen Natur im Reich der Schöpfung.[60] Entscheidend ist wohl nicht die faktische Situation des Menschen, die in vielem wenig erhebend ist, sondern die Erhabenheit, zu der wir kraft des Sittengesetzes aufgefordert werden. Von dieser oft nur als Möglichkeit aufscheinenden Erhebung über das Physische hinaus wird eine Metaphysik handeln können.

Da sie sich ein eigenes, nämlich vernünftiges Gesetz vorschreiben kann, wird die Freiheit auch imstande sein, sich Zwecke vorzusetzen, die wie die Freiheit selbst in ihrer Souveränität Zwecke an sich sind. Wenn alles in der Natur ein Zweck für etwas anderes bleibt, so wird der einzige Zweck an sich als letztes Telos des Handelns die Freiheit sein können, die im Gesicht des anderen aufleuchtet. Indem sie den Kreis der Natur durchbricht, wird sich die Freiheit selbst verpflichten, die Freiheit des anderen zu achten und zu fördern. Der oder die andere als die Quelle des ethischen Gefordertseins wird also niemals bloß als Mittel zu einem anderen Zweck behandelt werden dürfen, wie es in der Logik der Natur geschieht. Die Grenze dieser Logik wird gerade durch die Möglichkeit eines moralischen oder autonomen Handelns markiert. Die Achtung vor der Menschheit als Zweck an sich bringt auch eine neue Formulierung des kategorischen Imperativs hervor, die weniger »physikalisch« als die kanonische Formel des allgemeingültigen Naturgesetzes anmutet: »Handle so, daß du die Menschheit, sowohl in deiner Person als in der Person eines jeden anderen, jederzeit zugleich als Zweck, niemals bloß als Mittel brauchst.«[61]

Damit deutet die Metaphysik der Sitten an, daß der moralische Imperativ auch nach einer konkreten Verwirklichung im Raum der menschlichen Institutionen verlangt, dessen oberstes Prinzip das der Menschheit als Zweck an sich ist. Der Begriff der Menschenrechte, die wenige Jahre später von der Französischen Revolution eingeklagt wurden, findet hier seine metaphysische Legitimierung. Die Metaphysik der Sitten auf den Begriff einer autonomen und als solcher zu achtenden Menschheit auszurichten, eröffnet vom Boden der Metaphysik aus (was originell ist) die Möglichkeit einer juristischen, ja, einer politischen Philosophie. Der erste Teil der 1797 vorgelegten *Metaphysik der Sitten* wird tatsächlich eine Rechtslehre sein, deren Grundlegung bereits 1785 geliefert worden war.

Das Recht bestimmt die Regeln und Bedingungen, unter denen die Koexistenz der Freiheiten möglich ist. Die Ausübung der Freiheit untersteht dabei lediglich einem äußeren Gesetz, das aber wiederum diese Ausübung selbst möglich macht – die Achtung vor der Freiheit der anderen. Das allgemeine Prinzip des Rechts lautet nach Kant: »Eine jede Handlung ist *recht*, die oder nach deren Maxime die Freiheit der Willkür eines jeden mit jedermanns Freiheit nach einem allgemeinen Gesetze zusammen bestehen kann.«[62]

Lange Zeit galt diese *Metaphysik der Sitten* von 1797 als ein »Alterswerk« Kants. Mitreißender fand man wohl seine »Destruktion« der herkömmlichen Metaphysik und seinen Appell an die Autonomie des Individuums. In beiden Fällen handelte es sich aber um leise Mißverständnisse, sofern, wie wir gesehen haben, Kants destruktive Tat doch eine neue Grundlegung der Metaphysik vorbereiten sollte und die Autonomie primär als eine Selbstgesetzgebung der *apriorischen* Vernunft gemeint war.

Gewisse schmerzliche Erfahrungen mit dem Unrechtsstaat haben aber inzwischen auch zu einer Revision der Kantischen Rechtslehre geführt. Die Abkehr von den geschichtsphilosophischen, umgreifender sein wollenden Rechtskonzeptionen von Hegel oder Marx trugen zu einer Rehabilitierung des formalen Rechts Kantischer Provenienz bei. Neuere Arbeiten von Luc Ferry, Otfried Höffe, Wolfgang Kersting und Jürgen Habermas[63] begrüßen in Kant einen Vorläufer des Rechtsliberalismus, auf dem die westlichen (und zunehmend auch die nicht westlichen) Rechtsstaaten fußen und deren erster historischer Ausdruck die Französische Revolution war. Kein Wunder also, daß Kant selber 1798 zu schreiben wagte, daß diese Revolution »doch in den Gemütern aller Zuschauer eine Teilnehmung dem Wunsche nach, die nahe an Enthusiasm grenzt«, findet.[64]

Vollends der Vorbereitung einer in diese Richtung gehenden Metaphysik zugewandt, interessierte sich die »*Grundlegung*« zur Metaphysik der Sitten noch nicht direkt für diese rechtsphilosophischen (heute gemeinhin »politisch« genannten) Konsequenzen, die ihr aber die faktische Revolution von 1789 vor Augen führen mußte. Nichtsdestoweniger finden sich ihre Umrisse in der Kardinalidee eines autonomen Gesetzes der Vernunft, das uns gleichsam zu Gesetzgebern in einem übersinnlichen Reich der Zwecke macht. Die autonome Gesetzgebung markiert nicht nur in einem negativen Sinne die Unabhängigkeit gegenüber der Sinnlichkeit, sie bedeutet auch positiv, daß die praktische Vernunft ihrem eigenen Gesetz folgt, d.h. einem Vernunftgesetz, das sie zur

Allgemeingültigkeit verpflichtet. Von ihrer prinzipiellen Ausrichtung her wird die Grundlegung besonderes Gewicht auf die metaphysische, mithin »übersinnliche« Tragweite dieser universalitätsheischenden Freiheit legen. Die Unabhängigkeit gegenüber der Sinnlichkeit, gekoppelt mit einer von der Vernunft stammenden Gesetzgebung, treibt uns aus dem Zyklus der Tierheit heraus. Sie konstituiert somit die eigenartige »Erhabenheit« unserer Menschennatur.[65] Kraft unserer Freiheit, mögen wir ihr gewachsen sein oder nicht, gewinnen wir Anteil an einer Welt, die gewiß nicht sinnlich ist und die Kant, einer von Platon bis Leibniz reichenden Tradition folgend, ein »mundus intelligibilis« zu nennen wagt. Für diese Tradition diente jedoch die intelligible Welt als eine Bezeichnung für eine Welt, die nur unser Intellekt erkennen könne.[66] Nach Kant, und darin liegt die Seele seiner kritischen Revolution, ist diese intelligible Welt mitnichten eine, die wir je erkennen könnten, sondern eine, an der wir als potentiell freie und darin bereits autonome Wesen unbegreiflicherweise teilhaben. Die praktische Philosophie schließt sich damit an den Ausgang des Kanons der ersten *Kritik* an. Allein vermöge der Wirksamkeit einer rein praktischen Vernunft, der Freiheit also, beglaubigt sich für uns die Realität einer intelligiblen Welt, die einzige, die eine Metaphysik auf den Plan rufen kann. Die einzig mögliche Metaphysik erweist sich als eine des Sittlichen, aus der Freiheit heraus. Gemäß der vorsichtigen, aber starken Formulierung des Kanons ist sie die einzige, die uns »über die Grenzen der Erfahrung hinaus Aussichten eröffnet« (KrV, A 830/B 859).

10. Die Zweckmäßigkeit der Urteilskraft

Der ausgesprochen metaphysische Ausgang der praktischen Philosophie hat die Amateure der theoretischen Philosophie immer wieder bestürzt. Sie dachten, daß die erste *Kritik* den Ansprüchen der Metaphysik ein für allemal ein Ende bereitet hätte. Auf den ersten Blick hat der Abgrund, der die beiden ersten *Kritiken* oder die Flügel der theoretischen und der praktischen Philosophie voneinander zu trennen scheint, etwas Schwindelerregendes. Die eine erlaubt sich einen Diskurs über die übersinnliche oder noumenale Welt, die sich die andere strikt verbietet. Die eine eröffnet sich Aussichten über die Grenzen der Erfahrung hinaus, die der kritische Gerichtshof anscheinend endgültig gestrichen hatte. Es scheint, als ob die Metaphysik des Sittlichen die Warnungen, ja, die Interdiktionen der Kritik der metaphysischen Vernunft souverän ignoriert hätte. Die Verschiebung der Diskurse oder der Anschein eines Widerspruchs haben alle Erben Kants zu schaffen gemacht. Der erste Nachkantianer, der das Problem gesehen und diskutiert hat, war jedoch Kant selbst. Diese Problematik beherrscht in der Tat Kants dritte und letzte *Kritik*, die *Kritik der Urteilskraft*.

Zur größten Freude der Kantspezialisten gibt es zwei Versionen der äußerst wichtigen Einleitung des Werkes. Die 1790 erschienene war die kürzere Fassung eines Manuskripts, das er in seiner Schublade beließ. Wenige Jahre später übergab er es seinem Schüler Beck, der lediglich Auszüge davon in einer inzwischen vergessenen Anthologie der Werke Kants herausgab, der vollständige Text erschien erst im Jahre 1914. Die Abweichungen der beiden Texte können uns hier nicht interessieren, aber der Umstand, daß Kant sich genötigt sah, zwei verschiedene Fassungen derselben Einleitung zu erarbeiten, ist an sich lehrreich.

Beide gehen das Problem des »Systems der Philosophie« frontal an. Nachdem er in seinen früheren *Kritiken* die Prioritäten und damit die Zukunft der Philosophie neu orientiert hatte, wollte Kant in diesen Einleitungen so etwas wie eine Synthese seines Philosophiebegriffs als eines Vernunftsystems bieten. Philosophie wird nach wie vor als eine apriorische und grundlegende Erkenntnis, die sich in den beiden Sphären der Metaphysik der Natur und der Sitten entfaltet, angesetzt. Jeder Teil der Metaphysik hat die Aufgabe, die apriorischen Prinzipien des jeweiligen Feldes zu bestimmen. Etwas schärfer und systematischer, als dies in den anderen *Kritiken* der Fall war, ordnet Kant diese apriorischen Bestimmungen verschiedenen Erkenntnisvermögen zu: Der Verstand determiniert die Prinzipien einer Naturmetaphysik, während die reine Vernunft allgemeingültige Gesetze für das Feld des Praktischen erläßt.

Kant geht auch so weit, diese Bestimmungskompetenzen auf die beiden ersten *Kritiken* zu verteilen. Das Gedächtnis seiner Leser geringschätzend, behauptet er 1790, daß er in der ersten Kritik lediglich den Verstand, und zwar nur den theoretischen Verstand, thematisiert hätte, während die *Kritik der praktischen Vernunft* (1787) allein die Vernunft, die nur praktisch fruchtbar sei, hatte behandeln wollen. Das Werk von 1790 sei jetzt dem vermittelnden Vermögen der Urteilskraft gewidmet. In Wahrheit hatte Kant bereits 1781 die Vernunft und die (jedenfalls bestimmende) Urteilskraft ausführlich behandelt. Er hatte zudem sowohl die theoretische wie die praktische Verfahrensweise der Vernunft in der Dialektik und im Kanon untersucht. Ferner verschweigt die Einleitung von 1790, daß in der Perspektive von 1781 eine einzige Kritik genügen sollte, um den Grundstein einer Metaphysik zu legen. Diese Kritik hatte ja auch den Anspruch erhoben, die apriorischen Möglichkeiten *aller* Erkenntnisvermögen auszuschöpfen.

Wie es mit der rückblickenden Selbstinterpretation auch stehen mag, wird Kant doch zunehmend bewußt geworden sein, daß seine Philosophie zwischen zwei verschiedenen apriorischen Gesetzgebungen gespannt war. Die adäquate Verteilung derselben an distinkte »Erkenntnisvermögen« und an entsprechende *Kritiken* mag eine hübsche, aber doch formal wirkende Systematisierung geboten haben. Sie wird Kants Leser und wahrscheinlich Kant selber wohl nie befriedigt haben. Der Umstand, daß er in der *Kritik der Urteilskraft* eine Brücke zwischen beiden zu schlagen bemüht war, zeigt, daß ihm an einer glaubwürdigeren, inhaltlichen Vermittlung lag. Die dritte *Kritik* widmet sich dieser Vermittlungsaufgabe vollends. In diesem Sinne handelt es sich um ein abschließendes, synthetisierendes Werk. Und dies umso mehr, als dieser dritten *Kritik* keine korrespondierende doktrinale Metaphysik entsprechen soll. Die doktrinale Philosophie erschöpft sich in der Doppelaufgabe einer Metaphysik der Natur und der Sitten. Mit dieser *Kritik der Urteilskraft* »endige ich also mein ganzes kritisches Geschäft«, gesteht der alte Kant in einer bekannten Passage der Vorrede. »Ich werde ungesäumt zum Doktrinalen schreiten, um, wo möglich, meinem zunehmenden Alter die dazu noch einigermaßen günstige Zeit noch abzugewinnen. Es versteht sich von selbst, daß für die Urteilskraft darin kein besonderer Teil sei, weil in

Ansehung derselben die Kritik statt der Theorie dient; sondern daß, nach der Einteilung der Philosophie in die theoretische und praktische, und der reinen in eben solche Teile, die Metaphysik der Natur und die der Sitten jenes Geschäft ausmachen werden.«[67]

Bevor wir die Beschaffenheit der Vermittlungsaufgabe näher untersuchen, sei in Erinnerung gerufen, was unter Urteilskraft zu verstehen ist. Sie kennzeichnet sich im allgemeinen als die Handlung, kraft derer ein Besonderes unter ein Allgemeineres subsumiert wird.[68] Man denke z. B. an die Verbindung eines Subjektes mit einem Prädikat in einem Urteil, das Kant pauschal als die Subsumtion eines Besonderen unter einen allgemeinen Begriff denkt, aber auch an das Urteil eines Richters, der ein Gesetz auf einen bestimmten Fall anzuwenden hat. Wer etwa im praktischen Leben kein Urteilsvermögen besitzt, vermag im Dickicht des Besonderen die passenden allgemeinen Regeln nicht zu erkennen. In ihrer sonst sehr theoretisch orientierten »Transzendentalen Doktrin der Urteilskraft« hatte die erste *Kritik* auf dieses praktische Unvermögen abgehoben und resignativ festgestellt: »Der Mangel an Urteilskraft ist das, was man Dummheit nennt, und einem solchen Gebrechen ist gar nicht abzuhelfen.« (KrV, A 133/B 172)

Die dritte *Kritik* führt eine wichtige Unterscheidung zwischen zwei verschiedenen Formen oder Richtungen dieses Urteilsvermögens ein. Wird zunächst das Allgemeine (als Begriff, Norm, Gesetz, usw.) vorgegeben, so ist das Urteilsvermögen, das das Einzelne darunter subsumiert, ein »bestimmendes«. Die Wortwahl ist glücklich, denn das Besondere wird gerade als Fall dieses oder jenes Allgemeinen bestimmt. Es kommt nicht für sich selbst, sondern als Fall einer Regel in Betracht. Kant kann nun behaupten, daß die beiden ersten *Kritiken* lediglich Fälle der bestimmenden Urteilskraft zum Gegenstand hatten. Die synthetischen Urteile a priori der Naturmetaphysik bestimmen die Ordnung der Phänomene nach der Richtschnur der reinen Begriffe des Verstandes, die Erfahrung möglich machen. Die praktische Metaphysik schreibt ihrerseits dem besonderen Urteil ein allgemeingültiges Sittengesetz vor.

Es gibt aber eine andere Ausrichtung der Urteilskraft, die Kant »reflektierend« nennt. Für sie ist nicht das Allgemeine, sondern erst das Besondere vorgegeben. Für dieses Besondere wird dann ein Allgemeineres gesucht oder erdacht. Das Besondere lädt in der Tat oft zur Reflexion ein, ohne daß ein Allgemeines von vornherein zur Verfügung stünde. Die reflektierende Urteilskraft unterscheidet sich dadurch von der bestimmenden, daß ein Allgemeines fehlt, obwohl ein Bedürfnis nach ihm besteht. Die dritte *Kritik* wird sich nur für dieses Rätsel der reflektierenden Urteilskraft interessieren, von der sie wiederum zwei Möglichkeiten kennt: das ästhetische Urteil über einen schönen oder erhabenen Gegenstand und das teleologische Urteil, das nach Zweckmäßigkeit in der Natur Ausschau hält. In beiden Fällen wird Kant zwar die starke These vertreten, daß weder das Geschmacks- noch das Zweckmäßigkeitsurteil Anspruch auf strikte Objektivität erheben dürfe, die allein den bestimmenden Gesetzen der Natur und der Moral zukommt. Gleichwohl lassen sich beide Urteilsformen nicht auf bloße subjektive Beurteilungen bar jeglicher Gültigkeit zurückführen. Bekanntlich läßt sich über Geschmacksfragen nicht streiten, jedoch bleibt ein Geschmacksurteil mitteilungsfähig. Wenn es anderen mitgeteilt werden *kann*, mag die faktische Übereinstimmung ausbleiben, genießt es doch eine spezifische, obzwar problematische Geltung, die die dritte *Kritik* zu umschreiben trachtet.

Die Einzelheiten der Kantischen Darlegung, die die Gebiete der Ästhetik und der Teleologie für die Philosophie zurückgewonnen haben, können uns hier nicht beschäftigen. Eine summarische Darlegung würde mehr als anderswo den Feinheiten der Kantischen Einsichten Abbruch tun. Wir richten vielmehr unser Augenmerk auf das zentrale systematische Problem, das diese abschließende *Kritik* zu stellen oder zu lösen bestimmt war. Es geht um die Vermittlung oder den Übergang zwischen der Natur- und der Freiheitsphilosophie. Ihr präziser Sinn wird in den Deutungen dieses schwierigen Textes oft verkannt, womöglich weil Kant selber die Termini dieser Vermittlung auf verschiedene Weise bestimmt: theoretische und praktische Philosophie, Natur und Freiheit, sinnliche und übersinnliche Welt, Phaenomena und Noumena, usw. Bei all dem scheint Kant doch eine Formulierung zu bevorzugen, mag sie auch in unseren an postmoderne Begriffe gewöhnte Ohren unerhört klingen. Es handelt sich um die der dritten *Kritik* zugemutete Aufgabe, die Welt der Erscheinungen mit der des Übersinnlichen zu verknüpfen. Man hat es wohl mit der »metaphysischsten« Fassung der Kluft zu tun, die Kants letzte *Kritik* zu überbrücken verspricht.

Das zweite Kapitel der Einleitung hatte mit fesselnden Worten vermerkt, daß »eine unübersehbare Kluft zwischen dem Gebiete des Naturbegriffes, als dem Sinnlichen, und dem Gebiet des Freiheitsbegriffs, als dem Übersinnlichen, befestigt ist, so daß von dem ersteren zum anderen (also vermittelst des theoretischen Gebrauchs der Vernunft) kein Übergang möglich ist«.[69] Die dritte *Kritik* sucht eine etwaige Vermittlung zwischen der sinnlichen Welt, die unser Verstand erkennt, ja, hervorbringt, und der übersinnlichen Welt, an der wir als vernünftige, mithin moralitäts- oder freiheitsfähige Wesen teilhaben. Wie läßt sich eine Übereinstimmung oder eine Versöhnung zwischen diesen beiden, in vielem so entgegengesetzten Welten denken? Wie der angeführte Passus lehrt, wird die Möglichkeit ausgeschlossen, daß es einen Weg oder einen »Übergang« von der sinnlichen Welt zum Übersinnlichen geben könne. Dieser Weg war immer wieder von der herkömmlichen Metaphysik beschritten worden, als sie von der Kontingenz dieser Welt auf ein oberstes und notwendiges Prinzip schließen wollte. Kants transzendentale Dialektik von 1781 hatte die Vergeblichkeit dieses Weges erwiesen.

Soll es also doch einen Übergang zwischen beiden Welten geben, bleibt nur eine Alternative übrig, nämlich der Weg vom Übersinnlichen hin zum Sinnlichen. So muß sich ein »Einfluß« der übersinnlichen Welt auf die sinnliche denken lassen – und mehr als diese von der Urteilskraft zustande gebrachte Denkbarkeit scheint Kant nicht zu beabsichtigen. Wenn die Welt der Natur keine Wirkung auf die übersinnliche Freiheitswelt ausüben kann, »so soll doch diese auf jene einen Einfluß haben, nämlich der Freiheitsbegriff soll den durch seine Gesetze aufgegebenen Zweck in der Sinnenwelt wirklich machen; und *die Natur muß folglich so gedacht werden können*, daß die Gesetzesmäßigkeit ihrer Form wenigstens zur Möglichkeit der in ihr zu bewirkenden Zwecke nach Freiheitsgesetzen zusammenstimme.«[70]

Der von Kant vorgestellte Übergang vom Übersinnlichen zum Sinnlichen wird zunächst von der Freiheitsidee selbst angezeigt. Das Handeln aus Freiheit, d. h. nach dem unsere eigenartige Autonomie gewährleistenden Vernunftgesetz, erfordert gerade die Verwirklichung in der sinnlichen Welt, mag diese auch einen ihr eigentümlichen Widerstand zeigen. Die Aufforderung zur Pflicht ist eine, die die Freiheit an die sinnliche Welt selbst richtet. Nichtsdestoweniger – und zur

Überraschung mancher Leser – ist es nicht diese »praktische«, revolutionierende Vermittlung des Sinnlichen mit den Freiheitsforderungen des Übersinnlichen, die im Zentrum von Kants Überlegungen steht. Die von Kant anvisierte Vermittlung wird von der Freiheitsidee nur suggeriert.

Ihm geht es eher um die *Denkbarkeit der Natur* schlechthin als eine vom Übersinnlichen beeinflußte. Die Natur wird also von unserer reflektierenden Urteilskraft so gedacht werden müssen, als ob sie von sich aus Zwecken gehorchte, die von einer uns übertreffenden Kausalität zeugen und infolgedessen nur übersinnlichen Ursprungs sein könne. In dieser Unterstellung liegt die Pointe und das Postulat der letzten *Kritik*: »Also [es ist tatsächlich der Schluß des Kantischen Gedankenganges, der sich an den vorhin zitierten Passus anschließt] muß es doch einen Grund der Einheit des Übersinnlichen, welches der Natur zum Grunde liegt, mit dem, was der Freiheitsbegriff praktisch enthält, geben«, was »den Übergang von der Denkungsart nach den Prinzipien der einen, zu der nach Prinzipien der anderen, möglich macht«.[71] Hier spricht Kant in fast geheimnisvoller Weise, die übrigens für die Schrift von 1790 charakteristisch ist, von einem übersinnlichen Grund der Natur, der sich mit der Ansetzung einer praktischen, also zweckgerichteten Freiheit vereinbaren lassen muß. Ein solcher übersinnlicher Grund läßt sich nur metaphysisch, vertikal denken. Ihm kommt unsere reflektierende Urteilskraft nur näher, wenn sie ihren Urteilen über den Lauf der Natur eine teleologische Wachsamkeit verleiht: Die sinnliche Natur wird sich so ansehen lassen, als ob ihr eine geheime Zweckmäßigkeit beiwohnte.

Dieser Zweckmäßigkeitsbegriff, der in der für die Naturkonstitution maßgeblichen Kategorientafel fehlte, verweist von sich aus auf ein übersinnliches oder metaphysisches Substrat hinter den Erscheinungen der Natur. Kant will hier nichts Beweiskräftiges aufstellen. Er versucht nur, die stillschweigend teleologische Orientierung unserer reflektierenden Urteilskraft zu beschreiben.

Das Vermittlungsvorhaben wird im neunten Kapitel der Einleitung wieder aufgenommen und konkretisiert. Da ist erneut von der »Kluft, welche das Übersinnliche von den Erscheinungen trennt« [72], die Rede. Kant bekräftigt, daß das Sinnliche das Übersinnliche keinesfalls bestimmen könne. Das umgekehrte Verhältnis aber sei doch »möglich, und schon in dem Begriff einer Kausalität durch Freiheit enthalten, deren Wirkung diesen ihren formalen Gesetzen gemäß in der Welt geschehen soll«.[73] Die Wirksamkeit der Freiheit zeigt, daß das Übersinnliche auf das Sinnliche Einfluß gewinnen kann. Aber auch hier geht es Kant um das Verständnis der Natur hinsichtlich ihrer möglichen, nicht mehr sinnlich deutbaren Zweckmäßigkeit. Kant weist darauf hin, daß die Idee eines übersinnlichen Substrats dem Begriff der Erscheinungen bereits innewohnt. Die Natur als Phänomen anzusprechen, setzt notwendig voraus, daß das Erscheinende ein Substrat hat, das selber nicht in Erscheinung tritt, wohl aber zu denken, d.h. zu reflektieren gibt. So ließe sich ein unbestimmtes, metaphysisches Fundament denken, das den Erscheinungen zugrunde läge: »Der Verstand gibt, durch die Möglichkeit seiner Gesetze a priori für die Natur, einen Beweis davon, daß diese von uns nur als Erscheinung erkannt werde, mithin zugleich Anzeige auf ein übersinnliches Substrat derselben; aber läßt dieses gänzlich unbestimmt.« [74] Es versteht sich, daß dieses Substrat für den theoretischen Verstand unbestimmt bleiben muß, da es sich auf keinen angemessenen Begriff bringen läßt. Erst die Urteilskraft, schreibt jetzt Kant, vermag ihm eine gewisse »Bestimmbarkeit« zu verleihen, indem sie ihre Reflexion über die Natur nach einem übersinnlichen, teleologischen Substrat ausschwingt. Was diesem Substrat schließlich eine positive »Bestimmung« verschafft, ist die Vernunft selbst vermöge ihres unmittelbar praktisch sein wollenden Gesetzes und der Aussichten, die sie sich über die Grenzen der Erfahrung hinaus ins Reich der Übersinnlichen hinein eröffnet. Genau an dieser Stelle, schließt Kant, verwirklicht sich die vermittelnde Funktion der dritten *Kritik*: »*So* macht die Urteilskraft den Übergang vom Gebiete des Naturbegriffs zu dem des Freiheitsbegriffs möglich.«[75]

Diesem schwierigen Textstück muß besondere Aufmerksamkeit geschenkt werden, will man den philosophischen Entwurf von 1790 verstehen, wie er sich zumindest in der Perspektive von Kant darstellte. Es geht um die Einheit der sinnlichen oder phänomenalen Welt mit dem Übersinnlichen. Der von der klassischen Philosophie gewagte Sprung vom Sinnlichen zum Übersinnlichen wird versperrt, weil er einen unrechtmäßigen Gebrauch der Kausalität impliziert, der jeglicher wissenschaftlicher Legitimität entbehrt. Der einzige »Einfluß«, der sich noch denken läßt, wird allein vom Übersinnlichen ausgehen. Eine solche Möglichkeit wird bereits durch den Begriff des Phänomens als ein Erscheinen, dessen Grund unserer Sinnlichkeit entgeht, angezeigt. Wenn unsere Urteilskraft reflektierend die Naturvorgänge betrachtet, kann sie nicht umhin, von den Zweckmäßigkeitsfällen aufgehalten zu werden, die sie im Zusammenhang der Erscheinungen auffinden kann. Diese Fälle sind bei den lebendigen Organismen besonders anschaulich, wo die Teile für das Ganze zu existieren scheinen und umgekehrt. Die Zweckmäßigkeitsurteile dürfen indes keinen Anspruch auf wissenschaftliche Objektivität erheben. Hier wird nur reflektiert, gedacht oder spekuliert. Das zeitigt keine Erkenntnisse, sondern so etwas wie unvermeidliche Fiktionen unseres Urteilsvermögens, denen wir uns überantworten müssen, wenn wir tastend nach dem intelligiblen Substrat unserer Erfahrung fragen. Erst von dem Horizont der Freiheitsmetaphysik aus wird es möglich, diesem Substrat eine nähere Bestimmung zu geben und es als eine intelligible, nach Zwecken handelnde Ursache zu denken. Darin besteht der Übergang von dem Naturbegriff zum Übersinnlichen, den die dritte *Kritik* der philosophischen Besinnung voransetzen wollte. Das ganze Werk wird damit von einer gewissen Sehnsucht nach dem Übersinnlichen getragen. Läßt sich im Kerker der Erfahrung eine Naturfinalität ausmachen, kann sie nur übersinnlichen Ursprungs sein, ebenso wie die Verursachung aus Freiheit auf ein intelligibles Substrat zurückverweist. Wissenschaftlich gesehen wird eine solche Teleologie lediglich von regulativem Nutzen für unsere Urteilskraft sein. Aber diese Regulation ist nicht nichts, und unser Reflexionsvermögen kann durchaus mit ihr leben.

Aus dieser vermittelnden Funktion der intelligiblen Zweckmäßigkeit lassen sich auch Schlüsse für das systematische Verständnis der dritten *Kritik* ziehen. Ein heuristischer Vorrang muß zunächst der teleologischen vor der ästhetischen Urteilskraft zuerkannt werden. In allen Abschnitten, in denen Kant das Vorhaben seiner *Kritik der Urteilskraft* definiert, ist der operative Hebel stets die Idee einer »Naturzweckmäßigkeit« oder eines »Systems der Natur«. Das trifft für die beiden Fassungen der Einleitung zu. Sie vermag eine glaubwürdige Brücke zwischen dem Natur- und dem Freiheitsbegriff zu schlagen.

Der Begriff der Zweckmäßigkeit beherrscht auch die argumentative Struktur der beiden Teile des Werkes, der Ästhetik wie der Teleologie. Bei genauerem Hinsehen erweist sich, daß der Zweckmäßigkeitsbegriff eigentlich in der Teleologie zu Hause ist. Dies trifft so sehr zu, daß seine Anwendung auf den Bereich der Ästhetik gelegentlich angestrengt wirkt. Nachdem er in der Naturzweckmäßigkeit einen roten Faden erkannt hatte, der eine Versöhnung der sinnlichen und der übersinnlichen Ordnung denkbar machte, bemühte sich Kant, auch im Rahmen des Geschmacksurteils ein Zweckmäßigkeitsmoment ausfindig zu machen. Diese Finalität wird er im freien Spiel der Erkenntnisvermögen, das ein interesseloses Wohlgefallen hervorbringt, erfinden. Die ästhetische Erfahrung befreit uns in einem gewissen Sinne vom bestimmenden Zwang der Verstandes- oder Vernunftbegriffe. Die durch ungezügelte Einbildungskraft angespornten Erkenntnisvermögen unterhalten auf einmal freie, gar spielerische Verhältnisse miteinander, versichert Kant. In Ermangelung eines angebbaren bestimmenden Allgemeinen spricht er hier von einer »Zweckmäßigkeit ohne Vorstellung eines Zwekkes«. Die Formel ist gewiß ein genialer Ausdruck, der dem ästhetischen Bereich angemessen ist. Doch wer hätte sich je einfallen lassen, das Gefühl des Schönen oder des Erhabenen als die Folge einer zwecklosen Zweckmäßigkeit im Haushalt unserer Erkenntnisvermögen zu bestimmen? Wie dem auch sei, ist die freie Zweckmäßigkeit im Spiel der Erkenntnisvermögen vielleicht nicht diejenige, die sich phänomenal im Gebiet der ästhetischen Urteilskraft mit der größten Evidenz aufdrängt. Womöglich wird die Teleologie und ihre übersinnliche Ausrichtung dem neuerschlossenen Horizont der Ästhetik ihre Terminologie aufgeprägt haben. Oft wird Kant das Verdienst zuerkannt, die Autonomie der Ästhetik mit seiner dritten *Kritik* begründet zu haben. Mit Blick auf die romantische Wirkungsgeschichte der *Kritik der Urteilskraft* ist dies gewiß zutreffend. Die Kantische Behandlung der Ästhetik bleibt aber zum Teil heteronom, d. h. von der Herrschaft der Teleologie bestimmt.

Die Thematisierung der ästhetischen Urteilskraft bietet auch Kant die Möglichkeit, den Erkenntnisanspruch des Geschmacks und des sensus communis in den Umkreis seiner kritischen Untersuchung einzubeziehen. Im Laufe des 18. Jahrhunderts hatte sich nämlich der Geschmack als eine Art Erkenntnis geltend gemacht, von der sich Kant in den ersten *Kritiken* zu sprechen geweigert hatte. Er vertrat lange die Auffassung, daß das Geschmacksurteil eines vernünftigen Kerns entbehre, der allein die Philosophie interessieren könnte. Eine berühmte Fußnote der ersten *Kritik* wollte sogar den Begriff der Ästhetik, wie ihn damals Baumgarten verstand, von der Vorstellung der Geschmackskritik abtrennen und für die transzendentale Theorie der Sinnlichkeit reservieren: »Die Deutschen sind die einzigen, welche sich jetzt des Worts Ästhetik bedienen, um dadurch das zu bezeichnen, was andere Kritik des Geschmacks heißen. Es liegt hier eine verfehlte Hoffnung zum Grunde, die der vortreffliche Baumgarten faßte, die kritische Beurteilung des Schönen unter Vernunftprinzipien zu bringen, um die Regeln derselben zur Wissenschaft zu erheben. Allein diese Bemühung ist vergeblich. Denn gedachte Regeln oder Kriterien sind ihren Quellen nach bloß empirisch, und können also niemals zu Gesetzen a priori dienen, wonach sich unser Geschmacksurteil richten müßte, vielmehr macht das letztere den eigentlichen Probierstein der Richtigkeit der ersteren aus.«[76] An sich könnte diese Fußnote das Vorhaben einer Kritik der ästhetischen Urteilskraft zunichte machen. Ist hier alles doch nicht empirisch und variabel, so daß die Hoffnung, apriorische Prinzipien des Geschmacksurteils hervorzubringen, als vergeblich verworfen werden müßte? Damit entpuppte sich der Kant von 1781 als der beste Kritiker des späteren Kant.

Kant änderte seine Auffassung, als er in der Zweckmäßigkeitsvorstellung die Keime einer Rationalität erkannte, die die Gesetzgebungen des Praktischen und des Theoretischen miteinander zu versöhnen versprach. Geführt von der Begrifflichkeit der teleologischen Urteilskraft, konnte er die eigenartige Zweckmäßigkeit des ästhetischen Urteils und die Gründe seiner Mitteilbarkeit herausarbeiten. Indem er damit das Geschmacksurteil vor den Gerichtshof seiner Kritik lud, vollendete er allerdings sein altes Vorhaben einer integralen Kritik unseres Wissens, wie er es in seinem Brief an Marcus Herz vom 21. Februar 1772 umrissen hatte. Dort entwarf er ein Werk über »die Grenzen der Sinnlichkeit und der Vernunft«, deren der Metaphysik gewidmeter zweiter Teil zunächst die »allgemeinen Prinzipien des Gefühls, des Geschmacks und der sinnlichen Begierde«, und erst in einem zweiten Schritt »die ersten Gründe der Sittlichkeit« behandeln sollte.[77] Soweit ersichtlich, scheint Kant zwischen 1772 und 1789 von diesem Programm einer Geschmackskritik abgekommen zu sein.[78] Die Fußnote der transzendentalen Ästhetik schien auch die Undurchführbarkeit des Unternehmens einzugestehen. Kant hat sich dann in die apriorischen Prinzipien des theoretischen Verstandes und zunehmend in die der reinen praktischen Vernunft vertieft. Dem Geschmacksurteil kam aber unter dem Gesichtspunkt der Zweckmäßigkeit neue Bedeutung zu, als es darum ging, die Zuständigkeiten der theoretischen und der praktischen Gesetzlichkeiten miteinander in Einklang zu bringen. Es ist vor allem die teleologische Zweckmäßigkeit, die nach den Einleitungen von 1790 diese Funktion am besten erfüllen kann. Sie bildet in der Tat einen Brückenschlag von einer Domäne in die andere. Kant wird schließlich in der stillschweigenden Teleologie des ästhetischen Geschmacksurteils auch eine Bestätigung seiner Einsichten begrüßt haben. Es genoß wie das teleologische Urteil zwar nur eine subjektive Allgemeingültigkeit, aber die Möglichkeit war gegeben, beide Formen der reflektierenden Urteilskraft im selben Werk zu behandeln.

Es ließe sich zeigen, daß die Problematik der Ästhetik bei Kant auch von einer gewissen Sehnsucht nach dem Intelligiblen durchdrungen ist, die die teleologische Urteilskraft für Kant so anziehend machte. Das Schöne ist deshalb vom Angenehmen zu trennen, weil ihm ein Allgemeingültigkeitsanspruch zukommt, der aber bloß »subjektiv« bleibt. Was auch immer unter einer »subjektiven Allgemeingültigkeit«[79] zu verstehen sei, es fällt auf, daß Kants Hervorhebung der Mitteilbarkeit des Geschmacksurteils ohne die Idee einer Menschengesellschaft unvorstellbar wäre, die auf etwas anderem als einem bloß sinnlichen, animalischen Fundament beruht. Schon der Begriff eines interesselosen Urteils über das Schöne bezeugt die ideale Wirklichkeit einer Gemeinschaft, die über den Horizont des Sinnlichen hinausgeht. Mit gutem Recht hat man hier Kants spezifische Thematisierung der kommunikativen Intersubjektivität betont.[80] Der Begriff einer Menschengemeinschaft zeigt aber bei Kant immer ethische Konturen.[81] Der Begriff der Mitteilbarkeit setzt zweifelsohne die Gemeinschaft eines moralischen »Reichs der Zwecke« voraus, wie er in der Grundlegung von 1785 bereits mit teleologischem Scharfsinn thematisiert wurde. Von daher wird auch § 59, der letzte Paragraph der Kritik der ästhetischen Urteilskraft, das Schöne als »Symbol der Moralität« ansprechen. Dieser übersinnliche Horizont klingt auch in der Unverhältnismäßigkeit zwischen der sinnlichen und der vernünftigen Welt an, wie sie sich im Gefühl des Erhabenen zu erfahren vermag, das Kant auch auf erhabene Weise definiert: »Erhaben ist, was auch nur denken zu können ein Vermögen des Gemüts beweist, das jeden Maßstab der Sinne übertrifft.«[82] Die Sehnsucht nach einem unsichtbaren, aber reflexiv erschließbaren übersinnlichen Substrat bestimmt also auch die Thematik der Ästhetik. Die Kantische Ästhetik zeichnet sich durch eine wesenhafte Heteronomie aus, steht sie doch unter der Leitung einer stillschweigenden moralphilosophischen Teleologie.

Es handelt sich wohlgemerkt um eine Sehnsucht, aus der die romantische Bewegung bald Funken schlagen wird, nicht um gesichertes Wissen. Das Übersinnliche wird nicht Gegenstand eines direkten intuitiven Zuganges oder einer verbindlichen Deduktion. Die von der *Kritik* verhängte Zensur über die transempirischen Übertritte unseres Erkennenwollens zwingt Kant, die subjektive, immanente, tastende Natur unserer Reflexionsurteile zu betonen. Gleichwohl meldet sich hier eine andere Rationalität als die der Wissenschaft. Metaphysische Mutmaßungen bleiben unvermeidlich, wenn sich unsere Reflexion über die engen Grenzen der Erfahrungen hinaus Aussichten zu eröffnen sucht. Man muß hier von Sehnsucht sprechen, weil eine solche Reflexion nicht mehr Wissenschaft sein will.

Die Metaphysik bleibt dennoch ein natürliches, unvermeidliches, aber auch unübertreffbares Unternehmen. Seit Kant weiß sie um ihre eigene Fraglichkeit. Aus der Endlichkeit entsprungen, wird die Metaphysik ihrer eigenen Endlichkeit gewahr. Ihr einzig legitimer Spielraum wird ihr von der praktischen Vernunft aus eröffnet. Diese liefert für uns das einzige Zeugnis einer wirklichen Transzendenz des Sinnlichen in der unableitbaren Evidenz eines Sittengesetzes, daß die Überschreitung der Besonderheit gebietet. Es ist das Verdienst der *Kritik der Urteilskraft*, an der Reflexionsarbeit des teleologischen und des ästhetischen Urteilsvermögens diese Erhabenheit der Menschennatur aufgewiesen zu haben.

Schluß

Kant genießt den Ruf, ein systematischer Denker zu sein. Im Vergleich zu unserem unsystematischen Zeitalter wirkt er womöglich unzeitgemäß oder logozentrisch. Der Anschein mag trügen, denn das Unsystematische kann selber Systemcharakter haben, und der unsystematische Zug des heutigen Philosophierens hat durchaus etwas Methodisches.

Kant hingegen hat sich auf kein endgültiges System festgelegt. Er schreibt selber, daß man keine Philosophie, sondern höchstens zu philosophieren lernen könne (KrV, A 837/B 865). Der Stern, auf den sein Werk zuging, war gewiß eine Metaphysik, er wußte aber sehr wohl, daß noch niemals eine geschrieben worden war. Ein scheinbar spröder Mann wie er verglich die Metaphysik mit einer »mit uns entzweiten Geliebten«, zu der man jederzeit zurückkehren werde (KrV, A 850/B 878). Um die Idee einer solchen Metaphysik lebendig zu halten, schrieb er eine vorbereitende *Kritik der reinen Vernunft.* Eine einzelne Kritik sollte genügen, um den Kurs der metaphysischen Vernunft zu berichtigen.

Tatsächlich hat Kant in diesem Werk alle Erkenntnismöglichkeiten auf ihre metaphysische Tragweite hin untersucht. Den einzigen gangbaren Weg der Metaphysik entdeckte er am Schluß in der Konsequenz der praktischen Vernünftigkeit, die eine Antwort auf die ursprünglichsten Fragen der *metaphysica naturalis* ermöglichte. Diese Aussicht hat Kant nicht mehr losgelassen. Anstatt die versprochene Metaphysik der Natur zu veröffentlichen, machte er sich 1785 daran, die Grundlegung zur Metaphysik der Sitten zu befestigen. Dabei bemühte er sich, die 1781 noch spürbaren Anklänge an ihre Leibnizianische moraltheologische Zielsetzung abzumildern. So überspitzte die Grundlegung die Autonomie der praktischen Vernunft ohne jegliche Rücksicht auf Kompensation für das moralische Handeln. Diese autonom gewordene Moral erschien manchen Zeitgenossen als schwer zumutbar, aber die Nabelschnur zu Leibniz war damit durchtrennt.

Mit der *Grundlegung zur Metaphysik der Sitten* hat Kant die Anliegen seiner praktischen Metaphysik radikalisiert. In der Perspektive von 1785 sollte diese Grundlegung eine Kritik der praktischen Vernunft ersetzen. Drei Jahre darauf veröffentlichte Kant doch eine *Kritik der praktischen Vernunft*. Erst am Ende des Werkes tauchten die Existenz Gottes und die Unsterblichkeit der Seele als Konsequenzen oder Postulate auf. Für eine Moralphilosophie Leibnizianischer Provenienz stellte es eine gewisse Herausforderung dar, daß die Existenz Gottes gewissermaßen von der autonomen Gesetzgebung der praktischen Vernunft abhängen sollte.

Im Jahr 1788 ließ aber nichts das baldige Erscheinen einer abrundenden *Kritik der Urteilskraft* vermuten. Dem äußeren Anschein nach war diese thematisch berufen, den apriorischen Kern der ästhetischen und der teleologischen »Erkenntnis« zu rechtfertigen, eigentlich verfolgte sie das Ziel, eine Vermittlung zu stiften zwischen der theoretischen und der praktischen Vernunft, denen Kant, so lehrte er jetzt, zwei verschiedene *Kritiken* gewidmet hatte. 1790 verkündete Kant das Ende seines »kritischen Geschäfts«, verschwieg aber, daß es dem damaligen Selbstverständnis nach auch 1781 als abgeschlossen galt. Er wollte »ungesäumt zum doktrinalen schreiten«. Folgen sollte eine Metaphysik der Natur und der Sitten.

Die Metaphysik der Natur blieb aber ein Versprechen. Statt unmittelbar eine Metaphysik der Sitten vorzulegen, die erst 1797 herauskam, veröffentlichte Kant eine dem Geist der Aufklärung verpflichtete *Religion innerhalb der Grenzen der bloßen Vernunft* (1793). Das Werk wird gelegentlich als Alterswerk und als Anhängsel des Kantischen Schrifttums abgetan. Kant hat sie jedoch öfter in die innere Systematik seines kritischen Werkes einbezogen. In einem Brief an Stäudlin vom 4. Mai 1793 bindet er sogar sein Religionswerk an die drei Hauptfragen der Vernunft zurück, die im Kanon von 1781 formuliert worden waren: Was kann ich wissen?, Was soll ich tun?, Was darf ich hoffen? Die erste gehöre zur Metaphysik, die zweite zur Moral, die dritte zur Religion. Die zwei ersten Fragen hätten ihre Antwort in den beiden ersten *Kritiken* gefunden. Der Brief macht auch deutlich, daß Kant mit der Religion den »dritten Teil« seines Planes auszuführen gedachte.[83] Damit wird die Religionsschrift als Antwort auf die dritte Grundfrage der Vernunft aufgewertet, als ob es sich um die eigentliche »dritte Kritik« handelte.

Was wird damit aus der *Kritik der Urteilskraft*, die aus dem Rahmen der Vernunftkritik herauszufallen scheint? Vor 1790 schien sie in der Kantischen Philosophie keinen Platz zu haben. Sie führt auch nicht den Begriff der »Vernunft« in ihrem Titel an, der doch bei den beiden ersten *Kritiken* und noch im Titel der *Religion innerhalb der Grenzen der bloßen Vernunft* evident war. Womöglich ist es heuristisch angebracht, die späte Systematik des Ständlinbriefes beizubehalten, die die Fragen »Was kann ich wissen?« und »Was soll ich tun?« auf die beiden ersten *Kritiken* (Metaphysik und Moral) und die Frage »Was darf ich hoffen?« auf die Religionsschrift bezieht. Diese Systematik wurde auch in den Logikvorlesungen berührt.[84]

Kant kennt aber auch eine vierte Frage der Vernunft, die er sowohl in der Logik als auch im Brief an Stäudlin formuliert: »Was ist der Mensch?« Die der Anthropologie zugewiesene Frage soll ferner die drei anderen zusammenfassen. Vielleicht ist es nicht ganz unangebracht, zumal Kant selber mit seiner eigenen Systematik relativ frei umging, die Antwort auf diese Frage in der *Kritik der Urteilskraft* zu erblicken. Damit wäre die dritte *Kritik* eigentlich die vierte. Dort befaßt sich Kant vornehmlich mit der sogenannten »reflektierenden« Urteilskraft, die von der »bestimmenden« Urteilskraft unterschieden wird. Die theoretische Urteilskraft der Wissenschaft sowie die praktische der moralischen Vernunft sind insofern »bestimmend«, als sie von einem vorgegebenen Allgemeinen (dem Natur- oder Moralgesetz) ausgehen, das für das vorkommende Besondere bestimmend wirkt. Hier vollbringt das Urteilsvermögen lediglich die mechanische Subsumtion des Individuellen unter das Allgemeine. Diese »bestimmende« oder besser vorbestimmte Urteilskraft urteilt eigentlich nicht. Ein Urteilsvermögen ist erst gefragt, wenn das Allgemeine fehlt und erdacht werden muß. Dieses Denken wird der reflektierenden Urteilskraft überlassen. Hier wird nur das Besondere gegeben, für das ein Allgemeineres tastend gesucht werden muß.

Der Mensch, sofern er im Gespräch mit anderen und mit sich selbst steht, ist ein reflektierendes Wesen, das immer vom faktisch Gegebenen ausgeht und sich ein höheres Prinzip denken muß, das aber nie dinglich gegeben ist. Inmitten dieser reflexiven Arbeit, in dieser Distanznahme zum Besonderen, bekundet sich die besondere Erhabenheit seiner Natur. Der Mensch ist nicht den Reizen, aber auch nicht den verbreiteten Allgemeinplätzen restlos ausgeliefert. Ihm steht eine Reflexionskapazität zu, die seine vernünftige Erhabenheit ausmacht. Manche Diskussionen über die gesellschaftliche Rationalisierung oder die technische Rationalität haben uns dafür taub gemacht, aber die Vernunft wird doch seit alters her mit Reflexionsfähigkeit gleichgesetzt. Von der dritten oder eigentlich vierten *Kritik* her bahnt sich damit eine Antwort auf die vierte, zusammenfassende Grundfrage »Was ist der Mensch?« an. Der Mensch ist ein reflektierendes Wesen, das nicht umhinkann, seine Endlichkeit mitzureflektieren, wenn es sich fragt, was es wissen, tun und hoffen darf. Es ist diese Reflexion, die uns Menschen sein läßt und zu metaphysischen Fragen führt. Es ist nicht schlecht, wenn sich die Reflexion auch einige Antworten zutraut.

Anhang

Anmerkungen

Anmerkungen zur Zitierweise

Kants Kritik der reinen Vernunft (KrV) wird nach der Originalpaginierung der Auflagen von 1781 (A) und 1787 (B) zitiert. Für die anderen Werke Kants wird die Paginierung der Akademie-Ausgabe (Ak., Band, Seitenzahl) angegeben.

1 I. Kant, Untersuchungen über die Deutlichkeit der Grundsätze der natürlichen Theologie und der Moral (1764), Erste Betrachtung,
§ 4; Ak. II, 283.

2 Diltheys programmatische Einleitung in die Geisteswissenschaften von 1883 ist durchweg eine Abrechnung mit dem metaphysischen Erbe. Vgl. K. Löwith, Diltheys und Heideggers Stellung zur Metaphysik (1966), in: ders., Sämtliche Schriften, Bd. 8: Heidegger – Denker in dürftiger Zeit, Stuttgart 1984, S. 258-275.

3 Einen erhellenden Überblick über diese wenig erforschte Periode der Philosophiegeschichte bietet das Buch von J.-F. Courtine, Suarez et le système de la métaphysique, Paris 1990.

4 Vgl. J.-L. Marion, Sur le prisme méthaphysique de Descartes, Paris 1986, S. 34 ff.

5 G. W. F. F. Leibniz, Nouveaux Essais, Buch IV, Kap. 8. Vgl. auch De primae philosophiae emendatione et de notione substantiae (ed. Gerhardt: IV, 468), auch G. W. F. Leibniz, Kleine Schriften zur Metaphysik, Frankfurt/M. 1965, S. 195: »Es ist aber offenkundig, daß jene Grundwissenschaft, die unter dem Namen der Ersten Philosophie steht und von der Aristoteles sagte, daß sie die erwünschte und gesuchte (zetoumene) ist, bis jetzt noch unter den gesuchten verblieben ist.« Vgl. P. Aubenque, Le problème de l'être chez Aristote, Paris 1962, S. 69.

6 Eine glückliche und rare Mischung übrigens. Die meisten Kantspezialisten kennen eher Kant und die nachkantische Philosophie, in deren Wirkungsgeschichte sie stehen. Von daher liegt es nahe, alles, was vor Kant an Philosophie angeboten wurde, in die Schublade der von Kant ad absurdum geführten Metaphysik, d. h. eines menschenunmöglichen Wissens zu stellen. Dem liegt in mehrfacher Hinsicht metaphysische Blindheit zugrunde: 1. Was für eine Metaphysik vor Kant vertreten und gesucht wurde, wird selten eigenhändig bedacht (man übernimmt dabei Kants popularisierte Diagnose, der Fehler der Metaphysik sei es gewesen, Metaphysik zu sein); 2. Man verdeckt die stillschweigende metaphysische Orientierung des nachkantischen Denkens, u. a. dessen Universalitätsanspruch; 3. Die gröbste Blindheit betrifft die Kantdeutung selbst. Man will nicht wahrhaben, daß Kant sich als Metaphysiker verstand und die Metaphysik auf neue Grundlagen stellen wollte.

7 F. Alquié, La critique kantienne de la métaphysique, Paris 1968, S. 7 f., dt. von J. G. Vgl. über den vorkantischen Konkurs der Metaphysik R. Bubner, Metaphysik und Erfahrung, in: ders., Antike Themen und ihre moderne Verwandlung, Frankfurt/M. 1992, S. 134-150.

8 I. Kant, Prolegomena zu einer jeden künftigen Metaphysik, Vorrede, Ak. IV, 255.

9 Vgl. den Lexikonartikel von C. von Bormann zum Stichwort ›Kritik‹ im Historischen Wörterbuch der Philosophie, Bd. IV, Basel/Stuttgart 1976, S. 1249-1262.

10 Eine einheitliche und für heutige Maßstäbe befriedigende Klärung des allgegenwärtigen Begriffs »transzendental« wird sich bei Kant kaum finden lassen. Seine vertrackten Definitionsversuche [KrV, A 12: »Ich nenne alle Erkenntnis transzendental, die sich nicht sowohl mit Gegenständen, sondern mit unseren Begriffen a priori von Gegenständen überhaupt beschäftigt«, ein Passus, den die 2. Auflage von 1787 folgendermaßen umformulierte: »Ich nenne alle Erkenntnisse transzendental, die sich nicht sowohl mit Gegenständen, *sondern mit unserer Erkenntnisart von Gegenständen, insofern diese a priori möglich sein soll*, überhaupt beschäftigt«; vgl. auch KrV, A 56/B 80: »[...] daß nicht eine jede Erkenntnis a priori, sondern nur die, dadurch wir erkennen, daß und wie gewisse Vorstellungen (Anschauungen oder Begrif-

fe) lediglich a priori angewandt werden, oder möglich sind, transzendental (d.i. die Möglichkeit der Erkenntnis oder der Gebrauch derselben a priori) heißen müsse«] hatten eine reichliche Literatur zur Folge. Vgl. die neuere, die stilistischen Eigentümlichkeiten Kants berücksichtigende Stellungnahme von T. Pinder, Kants Begriff der transzendentalen Erkenntnis, in: Kant-Studien (77) 1986, S. 1-40.

Im allgemeinen Bewußtsein gilt heute (und sehr gegen den Wortlaut von B 26), daß eine transzendentale Philosophie es mit den »Bedingungen von Möglichkeit von Erkenntnis« zu tun habe. Diese Reflexion hat natürlich bei Kant statt, wird aber nicht spezifisch transzendental genannt. Es ist vielmehr so, daß die Reflexion über die Bedingung der Möglichkeit der Metaphysik eine noch zu erarbeitende Transzendentalphilosophie möglich machen soll. Ein Anklang an die alte scholastische Tradition läßt sich auch aus dem Begriff des Transzendentalen heraushören. Im ausgehenden Mittelalter hatte es die *philosophia transcendentalis* (die seit dem 17. Jahrhundert auch *ontologia* genannt wurde) mit den universellsten Prädikaten des Seins, den sogenannten »Transzendentalien« zu tun. Bei Kant und seinen unmittelbaren rationalistischen Vorgängern wurde die Selbstreflexion der Vernunft in die Bestimmung dieser Transzendentalphilosophie übernommen. Es galt dann als vollkommen einsichtig, daß die Transzendentalbegriffe lediglich aus unserer Vernunft stammen könnten, so daß sich die kritische (und nicht im eigentlichen Sinne transzendentale) Frage stellen mußte: Wie attestiert sich der Wahrheitsanspruch solcher transzendentalen Begriffe, die nicht aus der Erfahrung kommen?

11 Eine solche Metaphysik der Natur hatte Kant bereits im Vorwort zur ersten Auflage der *Kritik der reinen Vernunft* so fest in Aussicht gestellt, daß er sogar ihren Umfang angeben konnte, als ob er sie schon in der Schublade hätte: »Ein solches System der reinen (spekulativen) Vernunft hoffe ich unter dem Titel: *Metaphysik der Natur*, selbst zu liefern, welches, bei noch nicht der Hälfte der Weitläufigkeit, dennoch ungleich reicheren Inhalt haben soll, als hier die Kritik, die zuvörderst die Quellen und Bedingungen ihrer Möglichkeit darlegen mußte, und einen ganz verwachsenen Boden zu reinigen, und zu ebnen nötig hatte.« (KrV, A XXI) Diese kürzere Schrift hat Kant jedoch nie zum Druck befördert. Man

könnte sie zur Not in »Metaphysische Anfangsgründe der Naturwissenschaft« von 1786 wiederfinden. Die Schwierigkeit ist, daß Kant sie erneut für die Zukunft in der Vorrede zu seiner *Kritik der Urteilskraft* von 1790 verspricht. Der Architektonik von 1781 zufolge ist aber die Metaphysik der Natur nicht die einzige, die Kant vorzulegen anstrebt. Da Vernunft nicht nur spekulativ (theoretisch), sondern auch praktisch sein kann, kennt Kant auch eine Metaphysik der Sitten. Der faktische Fortgang des Kantischen Werkes nach der ersten *Kritik* zeigt zur Genüge, daß sie zunehmend ins Zentrum seines Werkes rückte.

12 A. Gulyga, Immanuel Kant, Frankfurt/M. 1985, S. 152.

13 In Erinnerung gerufen sei etwa die frühe Formel in den bissigen »Träumen eines Geistersehers« von 1766, wo die Metaphysik als »eine Wissenschaft von den Grenzen der menschlichen Vernunft« (Ak. II, 368) bezeichnet worden war.

14 I. Kant, Untersuchung über die Deutlichkeit der Grundsätze der natürlichen Theologie und der Moral (1764), Erste Betrachtung, § 4, Ak. II, 283.

15 Vgl. hierzu M. Heidegger, Platons Lehre von der Wahrheit (1942), wiederabgedruckt in der Sammlung Wegmarken, 2. Aufl., Frankfurt/M. 1978, S. 201-236.

16 Zur Kritik an dem unplatonischen Fetischismus der Idee vgl. insbesondere H.-G. Gadamer, Platon im Dialog, Gesammelte Werke, Bd. 7, Tübingen 1991.

17 Über die verborgenen Quellen dieser bis in die Neuzeit hinein maßgeblichen Sicht der Ideen vgl. die Abhandlung von H. Krämer, Der Ursprung der Geistesmetaphysik, Amsterdam 1966.

18 Dafür finden sich einige Indizien bei Kant. Wenn er es gelegentlich wagt, von den »Dingen an sich« zu sprechen, kann er nicht umhin, sie an die Idee eines »intelligiblen« Substrats anzugleichen. Dies wird für die Auffassung der Freiheit als der Prärogative unseres Daseins, die nicht in der phänomenalen Welt aufgeht, maßgeblich werden.

19 Vgl. dazu das einflußreiche Werk von Peter Strawson, Die Grenzen des Sinnes. Ein Kommentar zu Kants Kritik der reinen Vernunft, Königstein 1981.

20 I. Kant, Prolegomena, § 39, Ak. IV, 323.

21 I. Kant, Vorlesungen über die Metaphysik, Erfurt 1821, Nachdr.: Darmstadt 1988, 78 (Ak. XXVIII, II/1, 576).

22 Vgl. KrV, A 70/B 95 für die Urteilsformen und KrV, A 80/B 106 für die ihnen entsprechenden Kategorien.

23 Lehrreich in dieser Hinsicht sind insbesondere die drei Relationsformen (Subsistenz, Kausalität, Gemeinschaft), die die drei Hauptprinzipien der Newtonschen Mechanik fundieren sollen, was die »Metaphysischen Anfangsgründe der Naturwissenschaft« von 1786 bestätigen werden. Weil der Verstand von sich aus in Relationen zu denken pflegt, wird übrigens den Relationskategorien bei Kants anderen Systematisierungsbestrebungen besondere Bedeutsamkeit zukommen.

24 Die direkte Auseinandersetzung mit Hume und seinem die Metaphysik in Frage stellenden Skeptizismus wird erst in einem Abschnitt der Methodenlehre (»Von der Unmöglichkeit einer skeptischen Befriedigung der mit sich selbst veruneinigten reinen Vernunft« (KrV, A 758-769/B 786-797) erfolgen.

25 Für eine detailliertere Analyse der Kantischen Gedankengänge und für eine Berücksichtigung der sehr spezialisierten Sekundärliteratur müssen wir hier auf das 3. Kapitel unserer Untersuchung *Kant et le problème de la philosophie: l'a priori*, Paris 1989, verweisen. Eine Übersicht der neueren Interpretationen dieses Abschnittes bot der Forschungsbericht von P. Baumanns, Kants transzendentale Deduktion der reinen Verstandesbegriffe (B). Ein kritischer Forschungsbericht, in: Kant-Studien, 82 (1991), S. 329-348 und S. 436-455.

26 Die in der neueren Literatur einflußreichste Rekonstruktion bot die Arbeit von D. Henrich, Identität und Objektivität. Eine Untersuchung über Kants transzendentale Deduktion, Heidelberg 1976. R. Bubner, Selbstbezüglichkeit als Struktur transzendentaler Argumente, in: W. Kühlmann u. D. Böhler (Hg.), Kommunikation und Reflexion. Zur Diskussion der Transzendentalpragmatik, Frankfurt/M. 1982, S. 304-332, versuchte, den als Selbstbezüglichkeit uminterpretierten Zirkularitätsvorwurf ins Positive zu wenden. Darauf würde Kants Anlehnung an den juristischen Sinn von Deduktion hindeuten. Einen Überblick über die neue Literatur bietet auch der Sammelband: Kants transzendentale Deduktion und die Möglichkeit von Transzendentalphilosophie, Frankfurt/M. 1988 (mit umfangreicher Bibliographie), der aber durchaus im Blick auf die aktuelle Transzendentalpragmatik von Karl-Otto Apel konzipiert ist.

27 KrV, B 232. Die Formulierung der ersten Auflage (KrV, A 189) lautete: »Alles, was geschieht (anhebt zu sein) setzt etwas voraus, worauf es nach einer Regel folgt.« Während der Text von A auf eine unbestimmte Regel des Geschehens hinweist, hat B den Vorzug, diese Regel zu nennen, ja zu sein.

28 I. Kant, Prolegomena § 19, Ak. IV, 298f.

29 Schopenhauer hat Kant bekanntlich vorgeworfen, das Wolffsche System der Metaphysik mit der Vernunft selbst verwechselt zu haben.

30 Zur Krise der Reflexionsphilosophie vgl. auch P. Ricœur, Soi-même comme un autre, Paris 1990.

31 Es ist dabei zu beachten, daß Kant immer nur im Singular von der Antinomie der Vernunft spricht (vgl. V. Gerhard und F. Kaulbach, Kant, 2. Aufl., Darmstadt 1989, S. 7).

32 Brief an Garve vom 21. September 1798 (I. Kant, Briefwechsel, hrsg. von O. Schöndörffer, bearbeitet von Rudolf Malter, 3. erw. Aufl., Hamburg 1986, S. 779; Ak. XII, 257f.).

33 Über den schöpfungstheologischen Hintergrund der Kantischen Philosophie im allgemeinen vgl. G. Krüger, Philosophie und Moral in der Kantischen Kritik, Tübingen 1931, 2. Aufl., 1969. Zur teleologischen Grundstruktur der Kantischen Ethik vgl. kritisch H. Krämer, Antike und moderne Ethik?, in: Zeitschrift für Theologie und Kirche 80, 1983, S. 184-203.

34 Nämlich im zweiten Abschnitt unter dem Titel »Die Disziplin der reinen Vernunft in Ansehung ihres polemischen Gebrauchs«. Es ist kaum zu glauben, aber dieser Text wurde in der umfangreichen Literatur über Kant und Hume meist vernachlässigt.

35 KrV, A 802/B 830, eine These freilich, die nicht von absoluter Konstanz in Kants Schriften ist.

36 KrV, A 795f./B 823f. (Hervorhebung von J.G.).

37 KrV, A 804/B 832 (Hervorhebung von J.G.).

38 Später, in der *Grundlegung zur Metaphysik der Sitten* von 1785, wird Kant diese hier im Plural genannten Gesetze in der Singularformel des kategorischen Imperativs fassen (Ak. IV, 421): »Handle nur nach derjenigen Maxime, durch die du zugleich wollen kannst, daß sie ein allgemeines Gesetz werde.« Von diesem Imperativ wird Kant aber verschiedene Formulierungen vorlegen, die an den Plural der »moralischen Gesetze« von 1781 gemahnen.

39 KrV, A 741/B 769. So zentrale Stellen, wo es doch um die letzten Anliegen der Vernunft geht, werden in der Kantliteratur äußerst selten diskutiert. Um so gebotener erscheint es, Kants Philosophie von ihrem eigenen Selbstverständnis her anzugehen.
40 I. Kant, Kritik der praktischen Vernunft, Ak. V, 134.
41 Ebenda, 143.
42 Ebenda.
43 Ebenda.
44 Ebenda.
45 KrV, A 811/B 839 (Hervorhebung von J.G.).
46 Vgl. I. Kant, Kritik der Urteilskraft, Vorrede, Ak. V, 170. Mit dieser Präzisierung unterstreicht Kant übrigens, daß ihm die Begriffe Metaphysik und Philosophie als Synonyma gelten.
47 I. Kant, Bemerkungen zu den Beobachtungen über das Gefühl des Schönen und Erhabenen, Ak. XX, 44.
48 H.-G. Gadamer, Ethos und Ethik, Gesammelte Werke, Bd. 3, Tübingen 1987, S. 352.
49 I. Kant, Grundlegung zur Metaphysik der Sitten, Ak. IV, 405.
50 I. Kant, Kritik der praktischen Vernunft, Ak. V, 8.
51 I. Kant, Grundlegung zur Metaphysik der Sitten, Ak. IV, 399.
52 Ebenda, Ak. IV, 402.
53 Lukas 6, 31; vgl. auch Matthäus 7, 12. Für eine überzeugende Interpretation des Kantischen Gesetzes als eine neue Fassung der goldenen Regel vgl. P. Ricœur, Soi-même comme un autre, Paris 1990, S. 254 ff.
54 Dies wäre von Kant aus gegen die gegenwärtige Diskursethik (Habermas, Apel) geltend zu machen. Diese glaubt, sich auf Kant berufen zu können, wenn sie seinen moralischen Imperativ zeitgemäß als Einladung zu einer demokratischen Normendiskussion auslegt. Wer über moralische Normen als solche diskutieren zu können wähnt, befindet sich aber nach Kant bereits außerhalb des Raums des Moralischen. Diskutiert wird nicht über Normen, sondern von Normen aus. Die Distanz, die die Diskursethik (aber auch andere Selbstverwirklichungsethiken der Gegenwart) zu den moralischen Normen, die auf Konventionen herabgesetzt werden, einnimmt, entspräche nach Kant der kybernetischen Situation einer moralischen Neutralität, die nichts Ethisches, ja nichts Menschliches mehr hat. Der Mensch steht immer schon als endliches Wesen unter dem Appell der Pflicht, d. h. zeitgenössi-

scher gesagt: des verantwortungsvollen Handelns. Es ist das Verdienst von Emmanuel Lévinas (Totalité et infini, Den Haag 1961), diesen Primat des unbedingten Gefordertseins in der Ethik wieder zu Ehren gebracht zu haben. Damit verteidigte er sehr wohl ein Kantisches Moment in der neueren Diskussion.

55 I. Kant, Grundlegung zur Metaphysik der Sitten, Ak. IV, 421.

56 I. Kant, Kritik der praktischen Vernunft, Ak. V, 15.

57 I. Kant, Grundlegung zur Metaphysik der Sitten, Ak. IV, 407.

58 Ebenda, Ak. IV, 408.

59 Ebenda, Ak. IV, 440.

60 Ebenda, Ak. IV, 436.

61 Ebenda, Ak. IV, 429.

62 I. Kant, Metaphysik der Sitten. Erster Teil. Metaphysische Anfangsgründe der Rechtslehre, Ak. VI, 230.

63 Vgl. L. Ferry, Philosophie politique, 3. Bde., Paris 1984; L. Ferry u. A. Renaut, Système et critique. Essais sur la critique de la raison dans la philosophie contemporaine, Brüssel 1984; L. Sosoe u. A. Renaut, Philosophie du droit, Paris 1991; O. Höffe, Politische Gerechtigkeit. Grundlegung einer kritischen Philosophie von Recht und Staat, Frankfurt/M. 1987; ders. Kategorische Rechtsprinzipien. Ein Kontrapunkt der Moderne. Frankfurt/M. 1990; J. Habermas, Faktizität und Geltung. Beiträge zur Diskurstheorie des Rechts und des demokratischen Rechtsstaats, Frankfurt/M. 1992; W. Kersting, Wohlgeordnete Freiheit. Immanuel Kants Rechts- und Staatsphilosophie, Frankfurt/M. 1993.

64 I. Kant, Der Streit der Fakultäten, Ak. VII, 85.

65 Vgl. I. Kant, Grundlegung zur Metaphysik der Sitten, Ak. IV, 439: »Und hierin liegt eben das Paradoxon, daß bloß die Würde der Menschheit als vernünftiger Natur, ohne irgend einen anderen dadurch zu erreichenden Zweck oder Vorteil, mithin die Achtung für eine bloße Idee dennoch zur unnachlaßlichen Vorschrift des Willens dienen sollte und daß gerade in dieser Unabhängigkeit der Maxime von allen solchen Triebfedern die Erhabenheit derselben bestehe, und die Würdigkeit eines jeden vernünftigen Subjekts, ein gesetzgebendes Glied im Reiche der Zwecke zu sein.«

66 Die Trennung der »sinnlichen« (oder sichtbaren) von der »intelligiblen« (oder noetischen) Welt im VI. Buch von Platons Politeia

erfolgt durchweg mit Blick auf die ihnen entsprechenden *Erkenntnis*vermögen.

67 I. Kant, Kritik der Urteilskraft, Ak. V, 170.

68 In Kants Worten: »Urteilskraft überhaupt ist das Vermögen, das Besondere als enthalten unter dem Allgemeinen zu denken.« (Kritik der Urteilskraft, Ak. V, 179)

69 Ebenda, Ak. V, 176.

70 Ebenda.

71 Ebenda.

72 Ebenda, Ak. V, 195.

73 Ebenda. Vgl. auch Ak. V, 176.

74 Ebenda.

75 Ebenda.

76 KrV, A 21/(in etwas abgemilderter Form) B 35.

77 Brief an Marcus Herz vom 21. Februar 1772, Ak. X, 129; I. Kant, Briefwechsel, Hamburg 1986, S. 100.

78 Über die Preisgabe des alten Vorhabens vgl. H. J. De Vleeschauwer, La déduction transcendantale dans l'œuvre de Kant, Bd. III, Paris 1937, S. 343. Vor 1772 folgte Kant den angelsächsischen Moralisten, indem er zwischen den Gebieten der Moral und des Geschmacks kaum Unterschiede machte. Im Jahre 1765 hatte er ein Werk mit dem Titel einer Kritik des moralischen Geschmacks angekündigt (vgl. hierzu V. Delbos, La philosophie pratique de Kant, Paris 1905, 3. Aufl. 1969, S. 86 und S. 242).

79 I. Kant, Kritik der Urteilskraft, § 8, Ak. V, 215.

80 Maßgeblich dafür war die Einführung von A. Philonenko zu seiner Übersetzung der Kritik der Urteilskraft: Critique de la faculté de juger, 3. Aufl., Paris 1974. Ihm folgten darin L. Ferry und A. Renaut.

81 Vgl. die unter dieser Leitidee das ganze Werk Kants berücksichtigende Untersuchung von L. Goldmann, La communauté humaine et l'univers chez Kant, Paris 1948.

82 I. Kant, Kritik der Urteilskraft, § 25, Ak. V, 250.

83 Brief an C. F. Stäudlin vom 4. Mai 1793: »Mein schon seit geraumer Zeit gemachter Plan der mir obliegenden Bearbeitung des Feldes der reinen Philosophie ging auf die Auflösung der drei Aufgaben: 1) Was kann ich wissen? (Metaphysik) 2) Was soll ich tun? (Moral) 3) Was darf ich hoffen? (Religion); welcher zuletzt die vierte folgen sollte: Was ist der Mensch? (Anthropologie;

über die ich schon seit mehr als 20 Jahren jährlich ein Kollegium gelesen habe). – Mit beikommender Schrift: Religion innerhalb der Grenzen etc. habe ich die dritte Abteilung meines Plans zu vollführen gesucht.« In: I. Kant, Briefwechsel, Hamburg 1986, S. 634.

84 I. Kant, Logik, Ak. IX, 25.

Literaturhinweise

A. Hinweise auf die Werke Kants

Taschenbuch- sowie erschwingliche Werkausgaben der wichtigsten Schriften Kants finden sich bei vielen Verlagen. Bei der *Kritik der reinen Vernunft* ist darauf zu achten, daß die Originalpaginierung der Ausgaben von 1781 (A) und 1787 (B), nach der das Werk immer zitiert wird, vermerkt ist, und daß der Text und die Abweichungen dieser beiden Ausgaben zusammen ediert werden. Bei den anderen Schriften Kants ist darauf zu achten, daß sie die Paginierung der maßgeblichen Edition der Gesammelten Schriften von der Königlich Preußischen Akademie der Wissenschaften (Ak.) vermerken.

Es wurde oft behauptet, daß sich die *Kritik der reinen Vernunft* als Einstieg in Kant nicht eigne. Viele Passagen wirken in der Tat abschreckend, aber das Buch als Ganzes ist leserlicher als sein Ruf. Die Warnung vor der *Kritik der reinen Vernunft* kommt daher, daß man die Bedeutung seiner dunkelsten, den besten Spezialisten oft unverständlichen Passagen gelegentlich überschätzt. Die beiden Vorworte, die Einleitung, der allgemeine Duktus der Ästhetik und der Analytik, sowie die gesamte Dialektik und Methodenlehre sind durchaus zugänglich. Das Durcharbeiten erzeugt zudem ein Marathonläufern bekanntes Zufriedenheitsgefühl, das nicht selten zu tieferem Eindringen einlädt. Das Buch ist eines der wenigen Meisterwerke philosophischer Literatur, so daß es hier ohne Bedenken als Einführung empfohlen sei.

Die als Einstieg am liebsten empfohlenen *Prolegomena zu einer jeden künftigen Metaphysik* (1783) sind gut lesbar. Sie sind jedoch aus der Absicht Kants hervorgegangen, auf eine der ersten Rezensionen der *Kritik der reinen Vernunft* zu antworten. Ein Verständnis der dabei abzuwehrenden Mißverständnisse wäre dabei oft hilfreich. Am meisten leuchtet in dieser Schrift der historische und lehrreiche Rekurs auf Hume ein, als dessen Nachfolger Kant sich nunmehr (stärker jedenfalls als in der *Kritik* von 1781) stilisiert. Diese Selbststilisierung hat nicht wenig zum Erfolg der Schrift beigetragen.

Danach wird man mit bestem Gewinn die wohl zugänglichste Schrift Kants, die *Grundlegung zur Metaphysik der Sitten* (1785) lesen. Sie zeigt, auf was für eine Metaphysik Kant mit seinem kritischen Werk hinauswollte. Seine Lehre vom kategorischen Imperativ mit seinem humanistischen, gesinnungsethischen Universalismusgebot ist zu einem der wichtigsten Meilensteine der Ethik geworden, sei es als Vorbild oder als Gegenparadigma.

Mit der *Kritik der praktischen Vernunft* (1788) und der *Kritik der Urteilskraft* (1790) hat Kant zwei weitere Meisterwerke geschrieben, die auf den deutschen Idealismus und die Romantik vielfach gewirkt haben. Die drei *Kritiken* und die *Grundlegung zur Metaphysik der Sitten* sind die wichtigsten Schriften Kants. Alles andere gehört entweder zum vor- oder zum nachkritischen Werk.

Unter den nachkritischen Schriften bietet *Die Religion innerhalb der Grenzen der bloßen Vernunft* (1793) ein plastisches Bild der moralisch umorientierten Aufklärungsreligion, die Kants *Metaphysik der Sitten* zur Konsequenz hatte. Das Buch ist nicht zuletzt durch seine Schwierigkeiten mit der straffer gewordenen Zensur bekannt geworden. Politische Brisanz zeigen auch im Revolutionszeitalter nachkritische Schriften wie *Zum ewigen Frieden* (1795) und *Der Streit der Fakultäten* (1798). Es lohnt sich auch, eine Sammlung der kleineren Schriften Kants zur Zeitgeschichte zu lesen, unter denen man kurze klassische Essays wie: Beantwortung der Frage: Was ist Aufklärung? (1784), Was heißt: sich im Denken zu orientieren? (1786), Über den Gemeinspruch: Das mag in der Theorie richtig sein, taugt aber nicht für die Praxis (1793) finden wird.

Die vorkritischen Schriften haben es ihrerseits schwer, sich anders denn als »vorkritische« zu empfehlen. Das ist bedauerlich, denn kleine, oft literarisch glänzende Schriften wie die *Beobachtungen über das Gefühl des Schönen und des Erhabenen* (1764) und die *Träume eines Geistersehers* (1766) sind nicht nur als Zeugnisse der deutschen Aufklärungsphilosophie der Lektüre wert. Ex post fanden einige vorkritische metaphysische Schriften als Vorstufen der *Kritik der reinen Vernunft* Beachtung, insbesondere die *Untersu-*

chung über die Deutlichkeit der Grundsätze der natürlichen Theologie und der Moral (1764) sowie die Dissertation von 1770 *Von der Form der Sinnes- und Verstandeswelt und ihren Gründen.* Eine der beredtesten Vorstufen zum kritischen Werk bildet auch der vielfach edierte Brief an Marcus Herz vom 21. Februar 1772.

Je nach Interesse ließen sich weitere thematische Linien durch das Werk Kants ziehen. So handelten Schriften über Jahrzehnte hinweg vom zeitgemäßen Problem der Theodizee, von naturwissenschaftlichen (die vom Thema der Kosmogonie beherrscht waren), von anthropologischen oder geschichtsphilosophischen Themen wie die *Allgemeine Naturgeschichte und Theorie des Himmels* (1755), *Der einzig mögliche Beweisgrund zu einer Demonstration des Daseins Gottes* (1763), der *Versuch, den Begriff der negativen Größen in die Weltweisheit einzuführen* (1763), die *Ideen zu einer allgemeinen Geschichte in weltbürgerlicher Absicht* (1784), *Über das Mißlingen aller philosophischen Versuche in der Theodizee* (1791), *Das Ende aller Dinge* (1794), *Verkündigung des nahen Abschlusses eines Traktats zum ewigen Frieden in der Philosophie* (1796). Auf dem Gipfel seines Ruhmes fand Kant Zeit, naturwissenschaftliche und bestens informierte Schriften wie *Über die Vulkane im Mond* (1785), *Etwas über den Einfluß des Mondes auf die Witterung* (1794) und viele andere zu schreiben.

Von Kants Korrespondenz sind relativ wenige Briefe erhalten, darunter wichtige an J.-H. Lambert, M. Mendelssohn, K. Reinhold, S. Maimon, J. G. Fichte, C. Stäudlin und F. H. Jacobi.

Kants Schülern ist es zu verdanken, daß seine Vorlesungen herausgegeben wurden. Kant erlebte noch die Publikation seiner Anthropologie-, Päadagogik- und Logikvorlesungen. Nach seinem Tode wurden seine weiteren Vorlesungen, darunter die zur Metaphysik, zur Religionslehre und zur Ethik ediert.

B. Sekundärliteratur

Aus der uferlosen, zunehmend spezialisierten Kantliteratur werden hier nur einige ihrer Wirkung, Bedeutung oder Aktualität nach herausragende Werke genannt.

Baumgartner, H. M., Kants Kritik der reinen Vernunft. Anleitung zur Lektüre, 3. Aufl., Freiburg 1991.
Bittner, R./Cramer, K. (Hg.), Materialien zu Kants »Kritik der praktischen Vernunft«, Frankfurt/M. 1975.
Cassirer, E., Kants Leben und Lehre (1921), Darmstadt 1977.
Cohen, H., Kants Theorie der Erfahrung (1871), 3. Aufl., Berlin 1918.
Gerhard, V./Kaulbach, F., Kant, 2. Aufl., Darmstadt 1989.
Gulyga, A., Immanuel Kant, Frankfurt/M. 1985.
Hegel, G. W. F., Vorlesungen über die Geschichte der Philosophie, in: ders., Werke, hrsg. von E. Moldenhauer und K. M. Michel, Frankfurt/M. 1971, Bd. 20.
Heidegger, M., Kant und das Problem der Metaphysik (1929), 5. verm. Aufl., Frankfurt/M. 1991.
– Phänomenologische Interpretationen von Kants Kritik der reinen Vernunft, in: ders., Gesamtausgabe, Bd. 25, Frankfurt/M. 1977.
Heimsoeth, H., Transzendentale Dialektik (4 Bde.), Berlin 1966-71.
Henrich, D., Selbstverhältnisse. Gedanken und Auslegungen zu den Grundlagen der klassischen deutschen Philosophie, Stuttgart 1981.
– (Hg.), Kant oder Hegel? Über Formen der Begründung in der Philosophie, Stuttgart 1983.
Hinske, N., Kants Weg zur Transzendentalphilosophie, Stuttgart 1970.
Höffe, O., Immanuel Kant, 2. Aufl., München 1988.
Hoppe, H., Synthesis bei Kant. Das Problem der Verbindung von Vorstellungen und ihrer Gegenstandsbeziehung in der »Kritik der reinen Vernunft«, Berlin 1983.
Jaspers, K., Kant. Leben, Werk und Wirkung, München 1975.
Kaulbach, F., Immanuel Kant, Berlin/New York 1969, 2. Aufl., 1982.
– Philosophie des Perspektivismus, 1. Teil: Wahrheit und Perspektive bei Kant, Hegel und Nietzsche, Tübingen 1990.
Körner, S., Kant, Göttingen 1980.
Kopper, J./Malter, R., Kant zu ehren, Frankfurt/M. 1974.
– (Hg.), Materialien zu Kants »Kritik der reinen Vernunft«, Frankfurt/M. 1975.

Kroner, R., Von Kant bis Hegel, 1921-1924, 2. Aufl., Tübingen 1961.
Krüger, G., Philosophie und Moral in der kantischen Kritik (1931), 2. Aufl., Tübingen 1969.
Kulenkampff, J. (Hg.), Materialien zu Kants »Kritik der Urteilskraft«, Frankfurt/M. 1974.
Marquard, O., Skeptische Methode im Blick auf Kant, Freiburg 1958.
Martin, G., Immanuel Kant. Ontologie und Wissenschaftstheorie, 2. Aufl., Berlin 1968.
Nagl, L. (Hg.), Zur Kantforschung der Gegenwart, Darmstadt 1981.
Prauss, G., Kant und das Problem der Dinge an sich, 2. Aufl., Bonn 1977.
– Kant über Freiheit als Autonomie, Frankfurt/M. 1973.
– (Hg.), Kant. Zur Deutung seiner Theorie von Erkennen und Handeln, Köln 1973.
Reich, K., Die Vollständigkeit der kantischen Urteilstafel (1932), Berlin 1948.
Riedel, M., Urteilskraft und Vernunft. Kants ursprüngliche Fragestellung, Frankfurt/M. 1989.
Sandvoss, E. R., Immanuel Kant. Leben, Werk, Wirkung, Stuttgart/Berlin/Köln/Mainz 1983.
Scheffer, T., Kants Kriterium der Wahrheit. Anschauungsformen und Kategorien a priori in der Kritik der reinen Vernunft, Berlin/New York 1993.
Schulte, G., Immanuel Kant, Frankfurt/M. 1991.
Strawson, P., The Bounds of Sense, London 1966; dt. Die Grenzen des Sinnes. Ein Kommentar zu Kants Kritik der reinen Vernunft, Königstein 1981.
Sturma, D., Kant über Selbstbewußtsein. Zum Zusammenhang von Erkenntniskritik und Theorie des Selbstbewußtseins, Hildesheim 1985.
Vorländer, K., Immanuel Kant. Der Mann und das Werk (1924), Hamburg 1977.

Zeittafel

1724	Am 22. April wird Immanuel Kant in Königsberg geboren.
1740-46	Studium an der Universität Königsberg.
1747-55	Hofmeister in der Umgebung von Königsberg. Zeit seines Lebens hat Kant seine Heimatprovinz nie verlassen.
1755	Promotion mit einer Arbeit über das Feuer (*De igne*). Habilitation (*Nova Dilucidatio*), so daß Kant Vorlesungen an der Universität als Privatdozent halten darf.
1764	*Beobachtungen über das Gefühl des Schönen und des Erhabenen.*
1766	*Träume eines Geistersehers.*
1770	Dissertation *Über die Form und Prinzipien der Sinnen- und der Verstandeswelt.* Kant erhält den Lehrstuhl für Logik und Metaphysik der Universität Königsberg.
1781	*Kritik der reinen Vernunft.*
1783	*Prolegomena zu einer jeden künftigen Metaphysik.*
1784	*Beantwortung der Frage: Was ist Aufklärung?*
1785	*Grundlegung zur Metaphysik der Sitten.*
1786	Kant wird für das Sommersemester Rektor seiner Universität, ebenso im Sommersemester 1788.
1786	Karl Leonard Reinhold veröffentlicht seine einflußreichen *Briefe über die Kantische Philosophie.*
1787	Zweite Auflage der *Kritik der reinen Vernunft.*
1788	*Kritik der praktischen Vernunft.*
1790	*Kritik der Urteilskraft.*
1793	*Die Religion innerhalb der Grenzen der bloßen Vernunft.* Schwierigkeiten mit der Zensurbehörde.
1795	*Zum ewigen Frieden.*
1797	*Die Metaphysik der Sitten.*

1799 Gereizt von seinen selbsternannten Nachfolgern, veröffentlicht Kant eine kurze, aber scharfe »Erklärung in Beziehung auf Fichtes Wissenschaftslehre«.

1804 Kant stirbt am 12. Februar 1804.

Jean Grondin: Philosophiestudium an den Universitäten von Montréal, Heidelberg und Tübingen (1982 dort Promotion); Stipendiat der Alexander-von-Humboldt-Stiftung, Bonn 1988-89); Lehrtätigkeit an den Universitäten Laval (Québec) und Ottawa; seit 1991 Professor an der Universität von Montréal. Veröffentlichungen: *Hermeneutische Wahrheit? Zum Wahrheitsbegriff Hans-Georg Gadamers*, Königstein 1982; *Le tournant dans la pensée de Martin Heidegger*, Paris 1987; *Kant et le problème de la philosophie: l'a priori*, Paris 1989; *Emmanuel Kant. Avant/Après*, Paris 1991; *Einführung in die philosophische Hermeneutik*, Darmstadt 1991; *L'universalité de l'herméneutique*, Paris 1993; *L'horizon herméneutique de la pensée contemporaine*, Paris 1993; *Der Sinn für Hermeneutik*, Darmstadt 1994.